唐诗 300首 (下)

唐诗 300首 (下)

류 인 옮김

소울앤북

책을 내면서

"文章合为时而著, 歌诗合为事而作" －白居易
"문장은 시절에 합해야 가치가 있고, 시가는 사실에 합해야 작품이라 할 수 있다."
아마 문장이든 시든 세상 살아가는 이야기를 담지 않으면 의미가 없다는 뜻이리라.

2007년부터 4년간 삼성전자 중국 쑤저우(苏州) 공장에서 근무하며 중국어와 중국 생활을 경험하는 기회를 가질 수 있었다. 당시 공장 여건이 어려워 짧은 기간 동안 꽤 많은 우여곡절을 겪었다. 우연히 공부 삼아 당시와 송사 몇 수를 보면서 옛사람들의 사는 모습도 다르지 않았다고 생각했고, 그것을 내 느낌으로 옮겨 보니 처절한 삶의 애환과 절절한 심정이 더 생생하게 느껴졌다. 내친김에 시간 날 때마다 당시 삼백수, 송사 삼백 사를 번역하여 몇몇 지인들과 공유하였던 것이 계기가 되어 책으로 엮게 되었다.

우리말로 옮기면서 국립국어원의 외래어 표기 기준에 따라 인명은 모두 신해혁명 이전이므로 우리 식 발음을 사용하였는데 이름을 함부로 바꾸어 버리는 느낌이 들어 불편한 마음이 다소 들었다. 지명도 현존하지 않는 것은 우리 발음에 따랐으나 행정지명들은 새로운 이름과의 비교를 위해 중국 발음을 그대로 사용하기도 하였다.

당시(唐诗)는 전해지는 것이 5만여 수에 달하는데 이를 청나라 때 손수(孙洙)가 1763년부터 1765년에 걸쳐 인구에 많이 회자되면서 작품성이 뛰어난 310수를 골라 편찬하고 '唐诗 三百首'라 하였다. 이는 이후 가장 광범위하고 많은 영향을 끼친 시가집의 표본이 되었다. 급속한 기술 발전의 디지털 시대에도 여전히 사랑받는 고전 시를 평범한 직장인의 언어로 다시 읽어 보는 것도 상당한 의미가 있으리라 믿는다.

옮기는 과정에 바이두의 상세한 시 해설에 많은 신세를 졌는데, 그 도움이 없었으면 시를 보면서 특별한 느낌을 가지지 못했을 것이고 번역해 보리라는 생각도 못 했을 것이다. 얄팍한 중국어 실력으로 번역시집을 출간한다는 것이 부끄러운 일이지만 여러분들의 격려에 용기를 얻어 나의 느낌을 정리해 보았다. 새삼 감사를 드린다.

2021년 2월
류 인

차례

책을 내면서 · 05

칠언율시(七言律诗)

최호(崔颢)
黄鹤楼(황학루) · 18
行经华阴(화인을 지나며) · 20

조영(祖咏)
望蓟门(지면에서) · 22

최서(崔曙)
九日登望仙台呈刘明府容(중양절 망선대에서 유용 명부에게) · 24

이기(李顾)
送魏万之京(위만을 서울로 보내며) · 26

이백(李白)
登金陵凤凰台(진링의 봉황대에 올라) · 28

고적(高适)
送李少府贬峡中王少府贬长沙(샤중으로 좌천되는 이 소부, 창사로 좌천되는 왕 소부) · 30

잠삼(岑参)
  和贾舍人早朝(가지의 '아침조회'에 답하다) · 32

왕유(王维)
  和贾舍人早朝大明宫之作(가 사인의 '대명궁 조회'에 답하여) · 35
  奉和圣制从蓬莱向兴庆阁道中留春雨中春望之作应制(천자의 시 '우중춘망'에 화답하여 올리다) · 36
  积雨辋川庄作(장마) · 37
  酬郭给事(곽 급사에게) · 39

두보(杜甫)
  蜀相(촉한의 승상) · 40
  客至(손님이 찾아오다) · 41
  野望(광야에서) · 42
  闻官军收河南河北(관군이 허난 허베이를 수복했다는 소식을 듣다) · 44
  登高(높은 곳에 올라) · 45
  登楼(누각에 오르다) · 46
  宿府(막부의 숙소) · 48
  阁夜(시거의 밤) · 49
  咏怀古迹(옛 유적지를 돌아보며) · 51

유장경(刘长卿)
  江州重别薛六柳八二员外(장저우에서 설육, 유팔과 헤어지며) · 58
  长沙过贾谊宅(창사의 가의 고택에 들러) · 59

自夏口至鹦鹉洲夕望岳阳寄源中丞(샤커우에서 잉우저우로 가는 배에서 저녁 무렵 웨양을 바라보며 윈 중승에게 쓰다) · 60

쳰기(钱起)
赠阙下裴舍人(배 사인에게 드림) · 62

위응물(韦应物)
寄李儋元锡(이담과 원석에게) · 64

한훙(韩翃)
同题仙游观(선유관) · 66

황보염(皇甫冉)
春思(봄날 소원) · 67

노윤(卢纶)
晚次鄂州(저녁 무렵 어저우에 도착하다) · 69

유종원(柳宗元)
登柳州城楼寄漳汀封连四州(류저우 성루에 올라 장, 팅, 펑, 롄 네 개 주에 보냄) · 71

유우석(刘禹锡)
西塞山怀古(시사이산 회고) · 73

원진(元稹)
  遣悲怀(아픈 가슴 달래며) · 75

백거이(白居易)
  自河南经乱关内阻饥兄弟离散各在一处因望月有感聊书所怀寄上浮梁大兄於潜七兄乌江十五兄兼示符离及下邽弟妹(허난에서 전란이 발생하니 관네이 일대에 기근이 발생하여 형제들이 뿔뿔이 흩어짐. 달을 바라보면서 마음에 품은 생각을 잠깐 긁적거려 푸량의 큰 형, 위첸의 일곱째 형, 우장의 열다섯째 형과 푸리, 샤평의 형제자매들에게 보내어 보게 함.) · 79

이상은(李商隐)
  锦瑟(거문고) · 81
  无题(무제) · 82
  隋宫(수궁) · 84
  无题(무제) · 86
  筹笔驿(초우비역) · 89
  无题(무제) · 91
  春雨(봄비) · 92
  无题(무제) · 93

온정균(溫庭筠)
  利州南渡(리저우에서 다리를 건너다) · 96
  苏武庙(소무 사당에 들러) · 97

설봉(薛逢)
　宫词(궁중 생활) · 99

진도옥(秦韬玉)
　贫女(극빈 처녀) · 101

칠률악부(七律乐府)

심전기(沈佺期)
　古意呈补阙乔知之(보궐 교지지에게 드림) · 104

칠언절구(七言绝句)

하지장(贺知章)
　回乡偶书(고향에 돌아와 긁적거리다) · 108

장욱(张旭)
　桃花溪(복숭아꽃 계곡) · 110

왕유(王维)
　九月九日忆山东兄弟(구월 구일 산동의 형제를 그리워하다) · 112

왕창령(王昌龄)
　芙蓉楼送辛渐(부용루에서 신점을 보내며) · 113
　闺怨(철없는 신부) · 115
　春宫曲(봄날 궁전) · 115

왕한(王翰)
　凉州曲(량저우곡) · 117

이백(李白)
　黄鹤楼送孟浩然之广陵(황학루에서 광링 가는 맹호연을 전송하다) · 119
　早发白帝城(새벽녘 백제성을 출발하다) · 120

잠삼(岑参)
　逢入京使(장안 가는 사신을 만나다) · 121

두보(杜甫)
　江南逢李龟年(강남에서 이구년을 만나다) · 122

위응물(韦应物)
　滁州西涧(추저우 서쪽 계곡) · 124

장계(张继)
　枫桥夜泊(한밤중 풍교에 배를 대고) · 125

한홍(韩翃)
  寒食(한식) · 127

유방평(刘方平)
  月夜(달밤) · 129
  春怨(봄날의 원망) · 130

유중용(柳中庸)
  征怨(고달픈 원정 생활) · 131

고황(顾况)
  宫词(궁전 생활) · 133

이익(李益)
  夜上受降城闻笛(한밤중 수항성에 들리는 피리 소리) · 135

유우석(刘禹锡)
  乌衣巷(우이 거리) · 136
  和乐天春词(화창한 봄날) · 137

백거이(白居易)
  后宫词(후궁) · 138

장호(张祜)
  赠内人(내인에게 바침) · 139

集灵台(집령대) · 139
题金陵渡(진링 나루터에서) · 141

주경여(朱庆馀)
宫中词(궁중 이야기) · 143
近试上张籍水部(과거에 임박하여 장적 수부께 바치다) · 144

두목(杜牧)
将赴吴兴登乐游原(우싱 부임을 앞두고 낙유원에 오르다) · 145
赤壁(적벽에서) · 146
泊秦淮(친화이에 배를 대고) · 147
寄扬州韩绰判官(양저우의 한작 판관에게) · 149
遣怀(회한) · 150
秋夕(가을 저녁) · 151
赠别(이별) · 151
金谷园(금곡원) · 153

이상은(李商隐)
夜雨寄北(비 오는 밤에 북쪽으로 부치다) · 155
寄令狐郎中(영호 낭중에게) · 156
为有(신부) · 157
隋宫(수궁) · 158
瑶池(야오 연못) · 159
嫦娥(상아) · 160
贾生(가생) · 161

온정균(溫庭筠)
　瑶瑟怨(옥 거문고에 담은 마음) · 163

정전(鄭畋)
　马嵬坡(마웨이포) · 165

한악(韩偓)
　已凉(서늘한 날씨) · 167

위장(韦庄)
　台城(대성) · 169

진도(陈陶)
　陇西行(룽시행) · 171

장필(张泌)
　寄人(고백) · 173

무명씨(无名氏)
　杂诗(잡시) · 175

칠절악부(七绝乐府)

왕유(王维)
  送元二使安西(원이가 안시 가는 것을 전송하다) · 178
  秋夜曲(가을밤) · 179

왕창령(王昌龄)
  长信秋词(장신궁에서의 가을) · 180
  出塞(출정) · 183

이백(李白)
  清平调(청평조) · 186

왕지환(王之涣)
  凉州词(량저우) · 189

두추랑(杜秋娘)
  金缕衣(금실 옷) · 192

칠언율시(七言律诗)

줄여서 칠률(七律)이라고 하며 근체시(近体诗)의 일종. 칠언고시(七言古诗)에 뿌리를 두고 있으며 기원은 남북조까지 올라가나 당나라 초기에 성숙하여 두보 때 절정을 이룸. 이후 역대 문인들이 심혈을 기울여 자신의 감성을 표현하여 중국 고대 시 중 가장 성숙한 경지에 이름. 매 수 8구로 구성되며 매 구는 일곱 글자임. 왕유, 두보, 이상은, 유장경 등이 탁월한 작품을 남김.

최호(崔颢 : 704?~754年)

벤저우(汴州, 지금의 허난 카이펑开封시) 출신. 723년(현종 개원 11년)에 진사 급제. 개원(712~741년) 후기 다이저우(代州) 도독 두희망(杜希望) 아래서 관직을 시작. 천보(741~756년) 초기에 조정으로 복귀. 초기에는 미사여구 위주의 규방시를 많이 썼으나, 변방 생활을 겪고 난 후에는 호방한 시풍의 변방시가 많음. 전당시(全唐诗)에 42수가 전함.

黄鹤楼

昔人已乘黄鹤去, 此地空余黄鹤楼。
黄鹤一去不复返, 白云千载空悠悠。
晴川历历汉阳树, 芳草萋萋鹦鹉洲。
日暮乡关何处是? 烟波江上使人愁。

황학루

옛적 신선이 황학을 타고 날아간 곳에
텅 빈 황학루[1]만 남아 있네.
한번 날아간 황학은 다시 돌아오지 않고

천년 이래 흰 구름만 먼 하늘을 유유히 떠도네.
맑은 시냇가 한양(汉阳)[2]의 나무들 또렷하고
잉우저우(鹦鹉洲)[3]엔 녹음방초 우거졌네.
황혼이 지는 저녁, 내 고향은 어느 쪽인가
강 위에 자욱한 물안개 나그네 서글픈 마음.

1) 삼국시대 오나라 황무黃武 2년(223년) 후베이 우창 황허지(黄鹤矶)에 지은 누각. 큰 강을 내려다보고 있고 강 건너편에는 구이산(龟山)이 마주함.
2) 황학루 서쪽, 한수이(汉水) 북안의 지명.
3) 후베이 우창현(武昌县) 서남쪽에 있는 하중도. 후한서(后汉书)에 황조(汉黄祖)가 장샤(江夏)태수를 맡고 있을 때 이곳에서 큰 잔치를 열었는데 어떤 사람이 앵무새를 바쳤다고 기록되어 있음.

▶ 이 시의 창작 시기는 알 수 없으며, 남송의 엄우(严羽)는 창랑시화(沧浪诗话)에서 이 시를 당나라 칠률(七律) 중 제일이라고 평하였고, 원나라 신문방(辛文房)의 당 재사전(唐才子传)에는 이백이 황학루에 올라 시를 쓰려다가 이 시를 보고 "눈앞에 절경이 있으나 말할 수 없음은 머리 위에 최호의 시가 있음이라"라며 손을 거두었다는 기록이 있음. 사실 여부에 대해 논란이 있으나 이백은 그의 시 '잉우저우(鹦鹉洲)'와 '진링 봉황대에 올라(登金陵凤凰台)'에서 이 시의 구절을 인용할 정도로 높이 평가하였음.

* * *

行经华阴

岩峣太华俯咸京, 天外三峰削不成。
武帝祠前云欲散, 仙人掌上雨初晴。
河山北枕秦关险, 驿路西连汉畤平。
借问路旁名利客, 何如此处学长生?

화인(华阴)을 지나며

장안이 내려다보이는 험준한 화산(华山)
하늘을 뚫고 솟은 세 봉우리[1] 깎아서는 만들 수 없네.
무제사(武帝祠)[2] 앞의 구름이 흩어지면
비 그친 맑은 하늘 셴런장(仙人掌)[3] 더욱 또렷하다.
친관(秦关)[4] 북쪽에 접한 험하디험한 강과 산
길은 서쪽으로 뻗어 한치(汉畤)[5]에 이르네.
물어보세, 길가에서 부귀영화 좇아 여념 없는 사람들아
여기 와서 불로장생 신선의 도리를 배움이 어떠한가?

1) 화산의 푸룽(芙蓉), 위뉘(玉女), 밍싱(明星).
2) 한 무제가 화산에 오른 후 지은 천지와 오제(五帝)에 제사를 지낸 사당. 거영사(巨灵祠)를 말함.
3) 화산에서 가장 험준한 봉우리. 전설에 따르면 거영신(巨灵神)이 화산을 만들었는데 동쪽 봉우리는 여전히 그의 손바닥 흔적을 간직하고 있다고 함.

4) 진(秦)나라 때의 퉁관(潼关). 산시성 웨이난시 퉁관현(陝西省渭南市潼关县) 북쪽에 위치. 북쪽은 황하가 있고 남쪽으로는 화산에 연결됨.
5) 한나라 황제들이 천지와 오제에 제사를 지내던 사당.

▶ 최호는 천보(742~756년) 연간, 두 차례 장안에 갈 때 화인을 경유하며 서악(西岳)의 웅장함과 아름다움에 반하여 이 시를 씀. 당시 그는 도교를 숭상하여 도사에게 제사를 지내는 사회적 분위기에 영향을 받은 것으로 보임.

조영(祖咏 : ?~739年)

뤄양 출신. 724년(개원 24년)에 진사 급제. 왕유와 친분이 깊었으며, 풍경 묘사를 통해 은둔생활을 찬양하는 시를 많이 씀. 명나라 때 조영집(祖咏集)이 출판됨.

望薊門

燕台一望客心惊, 笳鼓喧喧汉将营。
万里寒光生积雪, 三边曙色动危旌。
沙场烽火连胡月, 海畔云山拥蓟城。
少小虽非投笔吏, 论功还欲请长缨。

지먼(薊門)[1]에서

연대(燕台)[2]를 바라보며 두근거리는 가슴
북 나팔소리 요란한 곳 원래 한나라 진영이라.
일만 리 덮은 눈은 차가운 빛을 발하고
깃발 높이 펄럭이는 요새에 새벽이 온다.
전쟁터 봉화 연기 오랑캐 하늘의 달을 가리고
보하이(渤海)와 윈산(云山)은 지먼성을 둘러쌌네.
젊어서 붓을 던지고 종군하진 않았으나[3]

논공행상 위해 긴 갓끈을 청하고자 하노라.[4]

1) 베이징 서남쪽의 판양다오(范阳道) 관할 지역으로 당나라 때 군사 기지가 있었음.
2) 전국시대 연소왕(燕昭王)이 세운 황금대(黃金台). 핑루(平卢), 판양 일대를 가리킴.
3) 한나라 때 반초(班超)는 집이 가난하여 관청에서 책을 베껴 쓰며 생계를 유지. 어느 날 붓을 던지며 "사나이 대장부 마땅히 이역만리에서 공을 세워 제후를 취해야 하거늘, 어찌 허구한 날 붓과 벼루 사이에만 있을 것인가?"라고 함. 이후 공을 세워 정원후(定远侯)에 봉해짐.
4) 한나라 때 종군(终军)은 스스로 무제에게 "긴 갓끈 하사를 청하오니, 반드시 남월(南越) 임금을 묶어 궁궐 아래로 끌고 오겠습니다."라고 아룀. 이후 남월에게 죽임을 당하였는데 그의 나이 20여 세에 불과하였음.

▶ 당나라 때 판양다오(范阳道)는 베이징 서남쪽의 유저우(幽州)를 중심으로 16주를 관할하던 동북 변방의 중요 군사기지였음. 방어 대상은 주로 거란족이었는데 714년(개원 2년)에 빙저우 장사(长史) 설눌(薛讷)이 방어를 맡았다가 734년에는 유저우 절도사 장수규(张守珪)가 거란을 토벌하면서 수령 가돌간(可突干)을 베는 전과를 올림. 약 20년간에 걸친 이 시기에 조영이 판양에 출사하여 있으면서 이 시를 씀.

최서(崔曙 : 704? ~ 739年)

허난 덩펑(登封) 사람. 738년(개원 26년)에 진사 급제하였으나 벼슬은 허난위(河南尉)라는 미관말직에 그침. 허난 쑹산(嵩山)에 은거하면서 설거(薛据) 등과 친하게 지냄. 전당시(全唐诗)에 15수가 수록됨.

九日登望仙台呈刘明府容

汉文皇帝有高台, 此日登临曙色开。
三晋云山皆北向, 二陵风雨自东来。
关门令尹谁能识, 河上仙翁去不回。
且欲近寻彭泽宰, 陶然共醉菊花杯。

중양절 망선대(望仙台)에서 유용 명부(刘明府容)에게

한 문제(汉文帝)가 높은 누대를 세우셨으니
오늘 새벽빛 열릴 때 올라 보는구나.
삼진(三晋)[1]의 험준한 산들은 북쪽으로 흘러가고
이릉(二陵)[2]의 비바람 동쪽에서 몰려오네.
한구관(函谷关)의 윤희(尹喜)[3]를 뉘 능히 알아보며
하상공(河上公)[4]은 신선이 되어 돌아오지 않는다네.

차라리 가까이 펑저재(彭泽宰)⁵⁾를 찾음이 나으리니
둘이서 기분 좋게 취하여 국화에 건배하리라.

1) 지금의 산시(山西), 허난 일대. 옛날 이 지역의 진(晋)나라가 춘추 말기에 한(韩), 위(魏), 조(赵) 셋으로 분리되어 생긴 이름.
2) 샤오산(崤山) 남북에 있는 두 개의 능으로 허난 뤄닝(洛宁)과 산현(陕县) 부근. 좌전(左传)에 남릉은 하나라 15대 황제 고(皋)의 무덤이며 북릉은 주 문왕(周文王)이 비바람을 피했던 곳이라고 기록됨.
3) 한구관을 지키던 관리. 전설에 따르면 홀연 동쪽에서 상서로운 기운이 일어나 성인이 온다는 것을 깨달았는데 얼마 지나지 않아 과연 노자(老子)가 푸른 소를 타고 지나가려고 하였음. 윤희가 노자에게 청하여 도덕경(道德经) 한 권을 받음. 윤희는 이후 노자를 따라감.
4) 한 문제 때 사람으로 득도하여 신선이 되었으며 한 문제에게 노자 경구(老子章句) 네 편을 주어, 그를 기리기 위해 허난 산현에 망선대를 지었다는 전설이 있음.
5) 진(晋)나라 때 도연명이 펑저령(彭泽令)으로 근무한 적이 있음. 그는 술과 국화를 매우 좋아했음. 어느 중양절 술이 없어 국화꽃밭에 앉아 있던 중, 마침 왕홍(王弘)이 술을 보내 주어 취한 후에 돌아감. 여기서는 유 명부(刘明府)를 가리킴.

▶ 최서의 칠언율시는 단 한 수가 남아 있으나 명작으로 꼽힘. 중양절(음력 9월 9일)에 망선대에서 아름답고 웅장한 경치를 보며 가까이 사는 친구와 만나 기분 좋게 한잔했으면 하는 마음을 표현. 유용의 벼슬 명부(明府)는 당나라 때 현령(县令)에 대한 존칭어.

이기(李颀 : 약 690~751年)

送魏万之京

朝闻游子唱离歌, 昨夜微霜初渡河。
鸿雁不堪愁里听, 云山况是客中过。
关城树色催寒近, 御苑砧声向晚多。
莫见长安行乐处, 空令岁月易蹉跎。

위만(魏万)을 서울로 보내며

어젯밤에 옅은 서리가 황하를 건너더니
오늘 아침 자네의 이별가를 듣는구나.
기러기 울음에 쓸쓸함을 견디기 어렵거늘
하물며 구름산을 지나는 나그네의 마음이랴.
퉁관(潼关)의 단풍잎이 추위를 재촉하면
서울 거리엔 밤늦도록 다듬이 소리 요란하겠지.
장안을 놀기 좋은 곳으로 생각하지 말게나
허송세월하다 자칫 때를 놓치기 쉬우리니

▶ 위만은 일찍이 선학(仙学)을 추구하여 왕우산(王屋山, 뤄양 북쪽 허난 지위안시济源市 소재)에 은거. 754년(천보 13년) 이백을 사모하여 오, 월 일대를 뒤져 광링(广陵)에서 만났는데 여정이 3천 리

에 달함. 이백은 그를 높게 평가하여 자신의 시를 주어 문집으로 편집할 수 있게 해주고 헤어질 때는 '왕우산 사람 위만이 왕우로 돌아가는 것을 전송하며(送王屋山人魏万还王屋)'라는 장시를 써 줌.

  위만은 이기보다 한 세대 아래이지만 두 사람은 나이를 초월하여 친구로 지냄. 이 시는 이기가 만년에 뤄양에 머무를 때 쓴 것으로 추정.

이백(李白 : 701~762年)

登金陵凤凰台

凤凰台上凤凰游, 凤去台空江自流。
吴宫花草埋幽径, 晋代衣冠成古丘。
三山半落青天外, 二水中分白鹭洲。
总为浮云能蔽日, 长安不见使人愁。

진링(金陵)의 봉황대에 올라

옛적 봉황대(凤凰台)[1] 위로 봉황이 날았건만
봉황이 떠난 텅 빈 누대, 강물만 변함없이 흐르고 있네.
오(吴) 궁전[2]의 화초는 무성하여 오솔길을 뒤덮었고
진(晋)나라 때 의관(衣冠)[3]들은 무덤으로 변한 지 오래.
푸른 하늘 너머로 삼산(三山)[4]이 보였다 숨었다 하며
바이루저우(白鹭洲)[5]는 창강을 둘로 나누는구나.
뜬구름이 언제나 해를 가리고 있으니
장안이 보이지 않아 서글픈 마음 금할 길 없네.

1) 강남통지(江南通志)에 "장닝부(江宁府, 지금의 난징) 성안 서남쪽에 가파른 비탈이 있었다. 440년(남조 송 원가 16년) 세 마리의 새가 날아왔는데 오색 찬란하고 공작같이 생긴 것이 소리가 조화롭고

뭇 새들이 따랐다. 사람들이 봉황이라고 생각하여 누대를 짓고 그 산을 봉황산, 마을을 봉황리라 하였다."라고 기록되어 있음.
2) 삼국시대 손오(孫吳)가 진링을 수도로 삼고 궁전을 지음.
3) 의복과 모자. 여기서는 고관대작을 의미.
4) 진링 서남쪽 창강변에 남북으로 3개의 봉우리가 늘어서 있는 산.
5) 난징시 수서문(水西门) 바깥에 있던 창강 안 모래 섬으로 백로가 집단 서식하였음. 지금은 강의 흐름이 변하여 육지가 되었음.

▶ 이 시는 이백의 몇 안 되는 칠언율시 중 하나. 747년 관직에서 배제되어 장안을 떠나 진링을 유람할 때 썼다는 설과 759년 야랑(夜郎)으로 유배되던 중 사면을 받고 돌아올 때 썼다는 설이 있음. 이백이 황학루를 유람한 뒤 진링에 와서 이 시를 써 최호(崔顥)의 '황학루'와 겨루고자 했다는 이야기도 있음.

고적(高适 : 704~765年)

送李少府贬峡中王少府贬长沙

嗟君此别意何如, 驻马衔杯问谪居。
巫峡啼猿数行泪, 衡阳归雁几封书。
青枫江上秋帆远, 白帝城边古木疏。
圣代即今多雨露, 暂时分手莫踌躇。

샤중(峡中)[1]으로 좌천되는 이 소부(李少府), 창사(长沙)로 좌천되는 왕 소부(王少府)

아! 이렇게 떠나야 하는 자네들 심정이 어떠한지
말을 멈추고 잔을 따르며 어디로 가는지 물어보네.
우샤(巫峡)[2] 원숭이의 비통한 울음에 눈물이 절로 흐르고
헝양(衡阳)[3]에서 돌아가는 기러기는 편지를 몇 통이나 전해줄까.
어느 가을 칭펑강(青枫江)[4]의 돛단배는 멀리멀리 흘러가고
백제성(白帝城)[5] 고목들은 앙상한 가지만 남아 있겠지.
바야흐로 태평성대 많은 은혜를 내리시니
잠시 헤어짐을 어찌 주저하겠나.

1) 쿠이저우 우산현(夔州巫山县)을 가리킴. 지금은 충칭(重庆)에 소속

되어 있음.
2) 지금의 충칭시 우산현(巫山县) 동쪽. 옛 민요 바둥 삼샤가(巴东三峡歌)에 "바둥 삼샤 중에 우샤가 가장 험하니, 원숭이가 3번 울면 치마가 눈물에 젖는다네."라고 노래함.
3) 후난에 있는 지명. 매년 가을 남쪽으로 가는 기러기가 헝양의 후이옌봉(回雁峰)에 이르면 방향을 돌려 북쪽으로 돌아간다고 믿었음. 여기서는 기러기가 창사를 경유하여 헝양에 이른다고 생각.
4) 류수이(浏水)를 가리키며 왕 소부가 좌천된 창사에서 샹강(湘江)과 만남.
5) 백제성은 이 소부가 좌천된 쿠이저우(지금은 쓰촨 펑제현奉节县)에 있으며, 서한 때 공손술(公孙述)이 지은 것으로 삼샤 입구에 위치.

▶ 이 시의 구체적인 창작 시기는 알려진 바가 없고, 고적(高适)이 펑추위(封丘尉)로 근무하던 시절 남방으로 좌천되어 가는 이, 왕 두 사람을 송별하며 쓴 시로 추정됨.

잠삼(岑参 : 약 718~769年)

和贾舍人早朝

鸡鸣紫陌曙光寒, 莺啭皇州春色阑。
金阙晓钟开万户, 玉阶仙仗拥千官。
花迎剑佩星初落, 柳拂旌旗露未干。
独有凤凰池上客, 阳春一曲和皆难。

가지(贾至)¹⁾의 아침조회에 답하다

쌀쌀한 도성, 닭이 울고 큰길에 여명이 비치면
꾀꼬리 지저귀는 장안성, 봄이 지나가려 하네.
궁전 새벽 종소리에 모든 문을 열어젖히니
의장(仪仗) 늘어선 옥계단 앞은 조배 관리로 빼곡하다.
칼을 찬 호위무사들 꽃길에 도열하니 샛별도 모습을 감추고
버들가지가 깃발을 스쳐 이슬방울 흩어진다.
오직 봉황지(凤凰池)²⁾의 중수사인(中书舍人)이 독보적이라
양춘백설(阳春白雪)³⁾ 그의 노래에 화답하기 어렵구나.

1) 가지(718~772년) : 안사의 난을 당해 현종의 피난길에 수행하였고 숙종 때 중수사인에 임명됨.

2) 가지가 근무하는 중수성(中书省)을 가리킴.
3) 전국시대 초나라의 노래로 뛰어난 작품을 이해하는 사람이 적음을 의미.

▶ 757년(지덕 2년) 9월 광평왕 이오(广平王李俶)는 수오팡(朔方), 안시(安西), 위구르, 남만, 아랍 등의 군대 20만을 이끌고 장안을 수복하여 안사의 난을 평정. 숙종은 758년 2월 장안으로 돌아와 대명궁(大明宮)에서 대사면을 단행하고 연호를 건원(乾元)으로 바꿈. 이로써 당 왕조가 다시 안정되고 중흥의 기틀이 마련되었다는 기대가 넘침. 758년 10월 가지가 조회를 마치고 시를 써 황제가 귀경한 이후 조회의 기상을 노래하고 두보, 왕유, 잠삼이 창화시(唱和诗)를 씀. 다음은 가지와 두보가 각각 쓴 시.

가지의 早朝大明宮(대명궁 아침조회)

银烛朝天紫陌长, 禁城春色晓苍苍。
千条弱柳垂青琐, 百啭流莺绕建章。
剑佩声随玉墀步, 衣冠身惹御炉香。
共沐恩波凤池上, 朝朝染翰侍君王。

은촛대가 조회 길 장안을 환히 비추니
궁전 안에는 봄기운이 완연하도다.
천 갈래 여린 버들가지가 궁궐 문에 드리우고
꾀꼬리는 구성지게 노래하며 건장궁(建章宮)[1]을 선회하네.
신하들 계단을 오르면 칼과 옥패가 소리를 내며

의관에는 향로의 향 내음이 짙게 배었다.
성은을 받은 신하들이 봉황지(凤凰池)에 늘어서서
아침마다 황제를 보필하여 문서를 쓰는구나.

1) 한나라 때의 궁전 이름, 여기서는 대명궁을 가리킴. 나라의 큰 제전과 황제의 조회가 여기서 거행됨.

두보의 奉和贾至舍人早朝大明宫(가지 사인의 '대명궁 조회'에 답하여)

五夜漏声催晓箭, 九重春色醉仙桃。
旌旗日暖龙蛇动, 宫殿风微燕雀高。
朝罢香烟携满袖, 诗成珠玉在挥毫。
欲知世掌丝纶美, 池上于今有凤毛。

오경을 알리는 물시계 소리에 새벽은 살처럼 달려오고
구중궁궐 완연한 봄기운, 복숭아꽃에 사람이 취하는구나.
따뜻한 햇살 아래 깃발들은 용처럼 춤을 추고
부드러운 바람에 제비 참새는 궁전 위를 높이 나네.
조회가 끝나면 옷소매에 향 연기 가득히 담아
시는 구슬과 옥이 되고 일필휘지 시원하다.
세대에 걸친 조서 관장의 영광을 아는가
봉황지에 지금 가씨 집안의 재능¹⁾이 빛나는구나.

1) 가지의 아버지도 중수사인을 역임했음.

왕유(王维 : 701~761年)

和贾舍人早朝大明宫之作

绛帻鸡人送晓筹, 尚衣方进翠云裘。
九天阊阖开宫殿, 万国衣冠拜冕旒。
日色才临仙掌动, 香烟欲傍衮龙浮。
朝罢须裁五色诏, 佩声归向凤池头。

가 사인(贾舍人)의 대명궁 조회에 답하여

붉은 두건 계인(鸡人)[1]이 표찰을 보내 새벽을 알리면
상의(尚衣)[2]는 천자께 비취색 구름무늬 가죽옷을 바친다.
첩첩이 이어지는 구중궁궐 일제히 그 문을 열고
만국의 문무백관 면류(冕旒)[3]를 향해 절을 하네.
아침 햇살이 흔들거리는 큰 부채에 내려앉고
향 연기는 곤룡포를 감싸고 어른거린다.
조회를 마치고 오색 조서를 올려야 하리니
허리띠 소리(佩声)[4] 울리면서 봉황지로 향하는구나.

1) 날이 밝으면 붉은 두건을 쓴 문지기가 주작문(朱雀门) 바깥에서 고함을 질러 백관들에게 알림. 그 모양이 새벽닭이 우는 모습과 비슷

해 계인이라고 함.
2) 황제의 의복을 관장하던 관직 이름.
3) 면(冕)은 천자나 제후가 쓰던 관모이며, 류(旒)는 관 앞뒤에 매달린 구슬꿰미. 황제의 면에는 12류가 달림.
4) 관복의 허리띠에 매달은 장식물이 걸을 때 나는 소리.

* * *

奉和圣制从蓬莱向兴庆阁道中留春雨中春望之作应制

渭水自萦秦塞曲, 黄山旧绕汉宫斜。
銮舆迥出千门柳, 阁道回看上苑花。
云里帝城双凤阙, 雨中春树万人家。
为乘阳气行时令, 不是宸游玩物华。

봉래궁(蓬萊宮)에서 흥경궁(興慶宮)까지 가는 구름다리에서 천자의 시 '우중춘망(雨中春望)'에 화답하여 올리다

웨이수이(渭水)¹⁾는 진(秦)의 요새²⁾를 휘감아 나가고
황산(黃山)³⁾은 옛 궁전을 비스듬히 둘러싸네.
천자의 수레가 천 개의 문, 버드나무를 지나 멀리 행차할 때
구름다리에서 돌아보니 궁정 뜰에 꽃들이 활짝 피었네.

구름 덮인 궁궐에는 쌍둥이 망루(双凤阙)⁴⁾가 솟아 있고
일만 호 집집마다 봄비 맞아 싱싱해진 나무들.
천자의 출행(出行)은 경치를 감상하고자 함이 아니요
봄기운을 맞이하여 절기의 예를 올리려 함이라.

1) 웨이하(渭河)라고도 하며 산시(陕西) 중부에 있는 황하 최대의 지류.
2) 장안 성곽을 가리키며 이 일대가 진나라 영토였음.
3) 산시 싱핑현(兴平县) 북쪽에 있는 산.
4) 대명궁 함원전(大明宫含元殿) 앞 동서 양쪽에 있던 상란(翔鸾), 서봉(栖凤) 양 망루.

▶ 735년 대명궁(봉래궁)에서 흥경궁을 경유하여 성 동남쪽 취강(曲江)까지 구름다리 길을 만듦. 현종은 비 내리는 어느 봄날 이 길을 통해 출행하며 시를 짓고, 왕유가 천자의 명령을 받들어 화답하는 시를 씀.

***

积雨辋川庄作

积雨空林烟火迟, 蒸藜炊黍饷东菑。
漠漠水田飞白鹭, 阴阴夏木啭黄鹂。
山中习静观朝槿, 松下清斋折露葵。
野老与人争席罢, 海鸥何事更相疑。

장마

성긴 수풀에 장맛비 내려 불 지피기 어려운데
명아주 나물, 기장밥 지어 동쪽 밭으로 보내는구나.
광활한 논 위에는 백로가 날고
무성한 여름 나무에서 꾀꼬리 지저귀는 소리.
조용히 아침 무궁화꽃 감상하는 산중 생활
소나무 아래 소박한 밥상에 아욱을 뜯는다네.
촌 늙은이 세상에서 자리 다툼할 일 없거늘
갈매기는 무슨 일로 의심을 하는 거냐.[1]

1) 열자·황제편(列子·黃帝篇)의 고사 : 바닷가에 갈매기와 아주 친한 사람이 있었는데 어느 날 아버지로부터 갈매기를 잡아 오라는 명을 받고 바닷가로 가니 갈매기가 멀리 날아 가 버림. 잘못된 마음가짐이 그와 갈매기의 관계를 망쳐놓음.

▶ 왕유가 중난산 왕천 란톈(輞川蓝田)에 은거할 때 쓴 시. 어릴 때부터 불교에 심취하였던 왕유는 지저우(济州)로 좌천되었을 때부터 은둔생활을 마음에 둠. 장구령이 이임보에게 실각되자 왕유는 몸은 관직에 있으면서도 마음은 현실 정치와 멀어지게 됨. 이후 그는 왕천에서 은둔생활을 하면서 채식과 염불, 참선에 심취함.

* * *

酬郭给事

洞门高阁霭余晖, 桃李阴阴4柳絮飞。
禁里疏钟官舍晚, 省中啼鸟吏人稀。
晨摇玉佩趋金殿, 夕奉天书拜琐闱。
强欲从君无那老, 将因卧病解朝衣。

곽 급사(郭给事)에게

저녁 햇살이 궁궐의 문과 누각을 감싸고
복숭아나무 배나무 무성한 곳 버들 솜 흩날리네.
관사에 밤이 찾아와 황궁 종소리도 뜸해지니
한적한 문하성에는 새소리만 들리는구나.
새벽녘 폐하 알현하는 발걸음에 흔들거리는 옥패(玉佩)[1]
저녁에는 조서를 받들고 황공하게 궁문을 물러나겠지.
그대를 따르고픈 마음 굴뚝같으나 이미 늙어 병병 하니
몸져누워서 관복 끈을 풀 수밖에 없다네.

1) 관리들이 몸에 걸쳤던 옥으로 만든 장식물.

▶ 왕유가 만년에 급사중(给事中) 곽승하(郭承嘏)에게 증정한 시. 급사중은 문하성(门下省)의 요직으로 황제 옆에서 조서를 선포하고 정책의 실수를 바로잡던 고위직.

두보(杜甫 : 712~770年)

蜀相

丞相祠堂何处寻? 锦官城外柏森森。
映阶碧草自春色, 隔叶黄鹂空好音。
三顾频烦天下计, 两朝开济老臣心。
出师未捷身先死, 长使英雄泪满襟。

촉한(蜀汉)의 승상(丞相)

승상의 사당을 어디에서 찾을쏘냐?
진관성(锦官城) 바깥 측백나무 무성한 곳이라.
돌계단에 푸른 풀이 돋아 봄기운을 전해주고
우거진 가지에선 아름다운 꾀꼬리 노래.
삼고초려 마다하지 않고 천하 대계를 구했더니
양대를 도와 나라를 이룬 늙은 신하의 일편단심.
출정하여 공을 세우기 전 몸이 먼저 죽게 되니
만대의 영웅들이 눈물로 옷소매를 적신다네.

▶ 759년(숙종 건원 2년) 11월, 두보는 친저우(秦州)와 퉁구(同谷)에서의 유랑 생활을 정리하고 청두로 가 친구의 도움을 받아 환화(浣花) 시냇가에 거주함. 청두는 촉한의 도읍지로 성 서북쪽에 제갈

량의 사당 무후사(武侯祠)가 있었음. 760년 봄 무후사를 방문하여 이 시를 씀. 당시 안사의 난이 아직 평정되지 않아 나라의 안위가 위태한 가운데 두보는 나라를 위해 자신의 포부를 펴지 못함을 한탄하며 제갈량의 업적을 찬양함. 제갈량을 노래한 시 중 최고로 평가됨.

* * *

客至
喜崔明府相过

舍南舍北皆春水, 但见群鸥日日来。
花径不曾缘客扫, 蓬门今始为君开。
盘飧市远无兼味, 樽酒家贫只旧醅。
肯与邻翁相对饮, 隔篱呼取尽余杯。

손님이 찾아오다
최 명부(崔明府)가 찾아와 너무 기쁘다

봄을 맞아 오두막 남북으로 물이 찰랑거리는데
매일같이 찾아오는 것은 갈매기 떼뿐이로다.
화초 가득한 길 손님 맞으려 빗자루질 한번 하지 않다
오늘 처음으로 자네 위해 사립문을 열었다네.
마을이 하도 멀어 먹을 만한 것도 차리지 못하고
집구석이 초라해서 술이라곤 묵은 것밖에 없네.[1]

옆집 늙은이도 같이 마시고 취하면 좋으리니
울타리 너머로 불러내어 남은 술 다 비우도록 하세!

1) 옛사람들은 새 술을 좋아하였음. 가난하여 새 술이 없어 미안한 마음을 표현.

▶ 761년(숙종 상원 2년) 봄, 두보가 청두 환화 계곡의 오두막에 머무르고 있을 때 최 명부가 찾아온 것을 기뻐하며 쓴 시. 명부(明府)는 현령에 대한 호칭.

* * *

野望

西山白雪三城戍, 南浦清江万里桥。
海内风尘诸弟隔, 天涯涕泪一身遥。
惟将迟暮供多病, 未有涓埃答圣朝。
跨马出郊时极目, 不堪人事日萧条。

광야에서

시산(西山)[1]의 새하얀 눈은 세 성(三城)[2]을 호위하고
칭강(清江)[3] 남쪽 강변을 만리교(万里桥)[4]가 가로지르네.
천하의 전란은 그치지 않고 형제들은 흩어져[5]

하늘 끝을 떠도는 신세, 흐르는 눈물 그치지 않네.
인생의 황혼기, 몸에는 이런저런 병이 찾아오건만
아직 미천한 공도 없이 성은에 보답하지 못하고 있네.
말에 몸을 싣고 교외로 나와 멀리 바라보고 있자니
세상사 갈수록 쓸쓸하여 나그네를 상심케 하는구나.

1) 청두 서쪽에 있는 산으로 주봉인 쉐링(雪岭)은 일 년 내내 눈이 덮여 있음.
2) 쓰촨에 있던 세 성 즉 쑹(松, 지금의 쑹판현松潘县), 웨이(维, 지금의 리현理县 서쪽), 바오(保, 리현 신바오관新保关 서북쪽). 촉 땅의 요충지로 투루판이 상시 침략하는 경로였음.
3) 진강(锦江)의 다른 이름.
4) 청두성 남쪽에 있던 다리. 촉한의 비의(费袆)가 오나라를 방문할 때 제갈량에게 "만 리 길이 바로 이 다리에서 시작됩니다(万里之行·始于此桥)."라고 함.
5) 두보의 4형제 영(颖), 관(观), 풍(丰), 점(占). 두점(杜占)만 두보와 같이 촉으로 오고 나머지는 각자 흩어짐.

▶ 761년 두보가 청두(成都)에 머무르며 쓴 시. 이때 그는 나이 50에 가족들과 헤어져 홀로 세상을 떠돌며 형제들과의 소식은 두절됨. 안으로는 내란과 밖으로는 투루판의 침략이 그치지 않는 나라의 암울한 상태에 대한 우려와 늙고 병들어 아무것도 할 수 없는 자신의 처지에 대한 절망감을 표현하였음.

* * *

闻官军收河南河北

剑外忽传收蓟北, 初闻涕泪满衣裳。
却看妻子愁何在, 漫卷诗书喜欲狂。
白日放歌须纵酒, 青春作伴好还乡。
即从巴峡穿巫峡, 便下襄阳向洛阳。

관군이 허난(河南) 허베이(河北)를 수복했다는 소식을 듣다

검문(劍门) 밖에서 느닷없이 들은 지베이(蓟北)[1]의 수복 소식
처음 듣자마자 눈물이 흘러 옷이 흠뻑 젖었네.
한편으로 생각하니 처자식 걱정이 순식간에 사라져
허겁지겁 책 보따리를 싸며 좋아서 미칠 지경이라.
벌건 대낮에 잔뜩 취해 고성방가 부르다가
화창한 봄날 가족들 데리고 고향에 돌아가야지.
바샤(巴峡)에서 배를 타고 우샤(巫峡)[2]를 빠져나가
샹양(襄阳)에 이르면 뤄양까지 한걸음에 달려가리라.[3]

1) 당나라 때 유저우(幽州)와 지저우(蓟州) 일대. 허베이 북부지역으로 안사 반군의 근거지.
2) 창강 삼대 협곡 중 하나. 우산(巫山)을 끼고 돌아서 붙은 이름.
3) 샹양은 지금의 후베이에 있으며 여기에서 허난의 뤄양까지는 육로

로 이동함.

▶ 762년(보응 원년) 겨울 관군은 뤄양 부근의 헝수이(衡水)에서 결정적인 승리를 거두어 뤄양과 정저우(郑州), 볜저우(汴州, 지금의 허난 카이펑开封) 등을 수복하고 반군의 수령인 설숭(薛嵩)과 장충지(张忠志)는 잇달아 투항함. 이듬해에는 사사명(史思明)의 아들 사조의(史朝义)가 자결하고 부장(部将) 전승사(田承嗣)와 이화선(李怀仙) 등이 항복함으로써 8년간 이어진 안사의 난이 끝나게 됨. 두보는 당시 쓰촨을 유랑하고 있다 이 소식을 듣고 너무 기뻐 즉흥적으로 이 시를 씀.

* * *

登高

风急天高猿啸哀, 渚清沙白鸟飞回。
无边落木萧萧下, 不尽长江滚滚来。
万里悲秋常作客, 百年多病独登台。
艰难苦恨繁霜鬓, 潦倒新停浊酒杯。

높은 곳에 올라

높은 하늘 바람은 거칠고 원숭이 애처로이 우는 날
물 맑고 모래 하얀 섬 위를 새들이 빙빙 돈다.

끝이 보이지 않는 숲 나뭇잎이 우수수 떨어지고
아득한 창강은 거침없이 우당탕 흘러온다.
쓸쓸한 가을 만리타향을 기약 없이 떠도는 나그네
늙고 병든 몸으로 혼자 높은 곳에 올랐네.
산전수전 고단한 인생 귀밑에 잔뜩 내린 서리
지치고 초라한 말년 막걸릿잔 멈추어야 할 줄이야[1]

1) 중양절에는 높은 곳에 올라 술을 마시는 것이 관습이나, 두보는 말년에 폐병으로 술을 끊어야 했음.

▶ 767년(대종 대력 2년) 가을 두보가 56세 때 쿠이저우(夔州)에 머물면서 극단적으로 곤궁한 상황에서 쓴 시. 당시 안사의 난이 끝나고 4년이 지나면서 지방 군벌들이 난립하기 시작함. 두보는 엄무(严武)의 막부에 들어갔으나 엄무가 병사하자 의지할 곳이 없어져 청두의 초당을 떠나 배를 타고 쿠이저우로 가게 됨. 여기서 3년여 지내는 동안 생활은 곤궁하고 병까지 들어 상황이 극도로 악화됨. 어느 중양절에 쿠이저우의 백제성(白帝城) 바깥 높은 곳에 올라 쓸쓸한 가을 경치를 보며 억장이 무너지는 것을 누르지 못하여 칠언율시 중 으뜸으로 평가받는 이 시를 쓰게 됨.

* * *

登楼

花近高楼伤客心, 万方多难此登临。

锦江春色来天地, 玉垒浮云变古今。
北极朝廷终不改, 西山寇盗莫相侵。
可怜后主还祠庙, 日暮聊为梁甫吟。

누각에 오르다

누각 지척까지 만발한 꽃에 나그네 마음이 아픈 것은
세상천지 난리 통에 여기를 오름이라.
진강(锦江)¹⁾은 온 천하에 봄기운을 싣고 오나
위레이(玉垒)²⁾의 뜬구름은 고금(古今)이 다르구나.
조정은 북극성 같아 영원무궁 보존되리니
시산(西山)³⁾의 도적들이 감히 침범치 못하리라.
가련한 후주(后主)⁴⁾조차 사당으로 돌아오니
해 저무는 저녁 '양보음(梁甫吟)'⁵⁾이나 읊을 수밖에

1) 관진강(濯锦江), 청두를 경유하는 민강(岷江)의 지류. 청두에서 나는 많은 비단을 이 강에서 씻는다고 하여 붙은 이름.
2) 쓰촨 관현(灌县) 서쪽, 청두 서북쪽에 있는 산.
3) 쓰촨성 북쪽에 있는, 당시 투루판과의 경계지대에 위치한 설산.
4) 촉한의 후주 유선(刘禅)은 환관을 지나치게 총애하여 망국에 이름. 청두 진관문(锦官门) 바깥에 선주의 묘, 서쪽에 무후사(武侯祠), 동쪽에 후주의 사당이 있음.
5) 고대 악부에 있는 노래. 제갈량이 유비를 만나기 전에 즐겨 암송. 여기서는 두보 자신의 시 '登楼'를 가리키며, 천하를 구제하고자 하는 포부를 갖고 있으나 뜻을 이루지 못함을 비유.

▶ 764년(대종 광덕 2년) 봄, 두보가 쓰촨에 기거한 지 5년째 되던 해에 쓴 시. 763년 정월 관군이 허베이와 허난을 수복하면서 안사의 난이 평정되었으나, 10월에 투루판이 장안을 점령하고 꼭두각시 조정을 세우자 대종은 산저우(陝州)로 피신함. 곧 곽자의(郭子仪)가 수도를 수복하였으나 연말에 투루판이 쑹, 웨이, 바오저우(松, 维, 保州 : 지금의 쓰촨 북부) 등을 유린하고 계속하여 젠난(劍南), 시산(西山) 각 주를 공략함. 거기에 환관들의 전횡, 번진 할거 등 조정 내외의 혼란도 극심하여 당나라의 국운이 급속도로 쇠약해짐. 같은 해 엄무(严武)가 청두윤(成都尹) 겸 젠난 절도사로 부임해 오자 랑저우(阆州, 지금의 쓰촨 랑중阆中)에 머물고 있던 두보는 크게 기뻐하며 청두로 돌아옴.

* * *

宿府

清秋幕府井梧寒, 独宿江城蜡炬残。
永夜角声悲自语, 中天月色好谁看?
风尘荏苒音书绝, 关塞萧条行路难。
已忍伶俜十年事, 强移栖息一枝安。

막부(幕府)의 숙소

늦가을 막사의 오동나무가 추위에 떨 때

홀로 숙소에서 남은 촛불과 시간을 보냈네.
긴긴밤 비장한 나팔 소리는 나 혼자의 독백이라
하늘의 아름다운 달빛 같이 볼 사람 누구랴.
모진 세월 덧없이 흘러 고향 소식 끊어지고
스산한 변방 요새, 돌아갈 길 찾기 어려워
참고 견딘 떠돌이 생활 어느새 십 년일세
마지못해 둥지를 틀었으나 한 개 가지로 족하다오.

▶ 764년 6월 신임 청두윤 및 젠난 절도사 엄무는 두보를 위해 절도사 막부의 참모 자리를 줌. 두보는 매일 날이 새면 출근했다 어두워야 퇴근하곤 했으나 집이 청두성 바깥 환화 계곡에 있어 귀가하지 못하고 막사에서 숙식하는 날도 많았음. 다른 사람들은 모두 귀가하여 혼자 밤을 보내면서 이 시를 씀.

두보는 자신이 원해서 참모가 된 것은 아니지만 친구의 배려에 보답하기 위해 전략을 수립하는 등 노력함. 그러나 곧 다른 막료들의 시기와 질투, 비방과 배척을 받게 되면서 엄무에게 이 상황을 벗어나게 해 줄 것을 바라는 마음에서 이 시를 씀.

* * *

阁夜

岁暮阴阳催短景, 天涯霜雪霁寒宵。
五更鼓角声悲壮, 三峡星河影动摇。
野哭千家闻战伐, 夷歌数处起渔樵。

卧龙跃马终黄土, 人事音书漫寂寥。

시거(西阁)의 밤

연말이 가까울수록 시간은 짧은 해를 재촉하고
세상 끝에 눈 서리 그쳐 긴긴밤이 춥기만 하다.
오경(五更)의 북 나팔소리 비장하기 이를 데 없고
삼샤(三峡)[1]에 비친 은하수는 쉬지 않고 출렁이네.
들판의 집집마다 난리[2] 소식에 통곡하고
여기저기 들려오는 어부 나무꾼의 처량한 노랫소리.
와룡(卧龙)과 약마(跃马)[3]도 종국엔 황토로 변했으니
편지 왕래 뜸하여 적적함이 무슨 큰일이겠는가

1) 취탕샤(瞿塘峡), 우샤(巫峡), 시링샤(西陵峡). 취탕샤가 쿠이저우 동쪽에 있으며 삼샤의 기점.
2) 최간(崔旰)의 난.
3) 와룡은 제갈량, 약마는 공손술(公孙述). 공손술은 서한 말기 혼란기에 촉 땅에서 스스로 황제라 칭함.

▶ 766년(대종 대력 원년) 겨울 두보가 쿠이저우 시거에 있을 때 쓴 시. 당시 시촨(西川)은 최간, 곽영의(郭英乂), 양자림(杨子琳) 등 군벌들의 세력다툼으로 조용할 날이 없었고, 투루판의 촉 땅 침범도 빈번한 상황에서 두보의 친구들(이백, 엄무, 고적 등)은 모두 먼저 세상을 떠남. 옛적을 회상하며 시국을 걱정하다 마음이 무거워져 이 시를 씀.

***

咏怀古迹 其一

支离东北风尘际, 漂泊西南天地间。
三峡楼台淹日月, 五溪衣服共云山。
羯胡事主终无赖, 词客哀时且未还。
庾信平生最萧瑟, 暮年诗赋动江关。

옛 유적지를 돌아보며 제1수

전란으로 혼란한 동북지방을 우왕좌왕하다[1]
흘러 흘러 서남쪽 천지를 떠돌아다녔네.[2]
해와 달도 가리어 보이지 않는 삼샤 골짜기에서
오계(五溪)[3] 옷 입은 이들과 구름산에서 함께 지냈네.
호로(胡虏) 놈들[4] 충성심은 도대체 믿을 수 없어
혼란한 시절 괴로운 시인 집으로 돌아갈 기약 없네.
유신(庾信)[5]만큼 쓰라린 평생이 있으랴마는
만년의 시부(诗赋)는 세상을 뒤흔들었지.

1) 안사의 난이 발생하자 두보는 장안에서 링우(灵武)로 가려다가 반군의 포로가 되어 다시 장안으로 끌려옴. 장안을 탈출한 뒤 평샹(凤翔)으로 도망함. 푸저우(鄜州)에서 처자식들을 찾고 장안이 회복된 다음 화저우(华州)로 좌천됨. 벼슬을 그만두고 친저우(秦州)를 방

문했다가 퉁구(同谷)를 거쳐 촉 땅으로 들어옴.
2) 촉에 도착한 후 청두에서 약 5년간 머물다가 천저우(梓州)와 랑저우(閬州)에서 1년간 지냈으며 엄무가 죽은 뒤에는 청두를 거쳐 윈안(云安)으로, 다시 윈안에서 쿠이저우로 감.
3) 슝시(雄溪), 만시(樠溪), 유시(酉溪), 우시(潕溪), 천시(辰溪) 다섯 계곡으로 지금의 샹천(湘川)과 첸천(黔川) 유역. 오계의 옷이란 이 지역 이민족의 옷을 의미.
4) 갈호(羯胡)족으로 흉노의 한 갈래. 안녹산을 지칭.
5) 유신(513-581년): 시문사부(诗文词赋)로 유명한 남북조 시대의 문학가. 후경(侯景)이 양(梁)나라에 반란을 일으켜 유신은 북조(北朝)에 억류됨. 원래의 화려했던 시풍이 만년에는 우울하면서도 강건하게 바뀜.

* * *

咏怀古迹 其二

摇落深知宋玉悲, 风流儒雅亦吾师。
怅望千秋一洒泪, 萧条异代不同时。
江山故宅空文藻, 云雨荒台岂梦思。
最是楚宫俱泯灭, 舟人指点到今疑。

옛 유적지를 돌아보며 제2수

초목이 시들어 송옥(宋玉)¹⁾의 처절함을 실감하네

소탈한 문장과 해박한 학문은 진실로 나의 스승이라.
한 많은 세월을 생각하면 눈물이 저절로 흐르니
다른 시대 다른 시점이나 서글픈 처지는 동일함일세.
강산의 옛집[2]은 공허해도 뛰어난 문장은 남았으니
우산(巫山)의 비구름[3]이 어찌 한낱 꿈 이야기이랴.
한탄스럽구나, 초나라 궁전은 모두 소실되고
뱃사람 설명을 듣는 뭇사람들 전설인가 하는구나.

1) 송옥(약 BC 298~BC 222) : 초나라 경양왕(頃襄王) 때의 사대부이자 문인. 두보는 그의 명저 구변(九辯) 첫 구절인 "가을이 되어 서글픈 마음은, 초목이 시들어 떨어져 스산해짐이라"에서 이 시의 첫머리 화두를 가져왔으며, 가오탕부(高唐賦), 신녀부(神女賦)에 나오는 초 양양(楚襄王)과 우산 신녀(巫山神女)의 고사를 이 시의 배경으로 삼음.
2) 후베이성 쯔구이(秭归)에 있는 송옥 고택.
3) 초 양왕이 가오탕(高唐)에서 잠을 자다 꿈속에서 신녀와 잠자리를 같이함. 신녀가 떠나면서 "나는 우산의 남쪽 높은 봉우리에 사는데 아침이면 구름이 되고 저녁이면 비가 되어 당신을 만나겠다"라고 함. 송옥은 뛰어난 문인 이전에 훌륭한 지사이었으나 모든 사람들이 문인으로만 인식하고 있는 것을 한탄하는 의미. 송옥은 이 이야기를 통해 임금의 행태를 풍자하려는 뜻이었으나 농염한 남녀 간의 정사 이야기로만 전하게 됨.

* * *

咏怀古迹 其三

群山万壑赴荆门, 生长明妃尚有村。
一去紫台连朔漠, 独留青冢向黄昏。
画图省识春风面, 环佩空归夜月魂。
千载琵琶作胡语, 分明怨恨曲中论。

옛 유적지를 돌아보며 제3수

뭇 산들과 골짜기가 일제히 징먼(荊門)[1]으로 달려가는
천하 미인 왕소군(王昭君)이 자라난 마을[2]
한나라 궁전을 떠나 끝없는 북방 사막에 들어가
황량한 황혼에 푸른 무덤(靑冢)[3] 하나 남겨놓았네.
그림이 아름다운 미모를 감추어버려[4]
혼백은 달밤에만 집으로 돌아갈 수 있었네.
그녀의 비파 소리 흉노에서 천년을 울리니
노래 속에 원망을 담은 것이 틀림없어라.

1) 후베이 이두(宜都) 서북쪽에 있는 산 이름.
2) 후베이 쯔구이현 샹시(香溪)에 소군촌(昭君村)이 있었음.
3) 백초(白草)만 자라는 환경에서 왕소군이 묻힌 무덤에는 풀이 자라 항상 푸르렀다고 하여 붙은 이름.
4) 한 원제(汉元帝)는 후궁들을 그림으로 간택하였는데, 왕소군의 실제 아름다움을 모르고 BC 33년에 흉노 선우에게 보냄.

***

咏怀古迹 其四

蜀主窥吴幸三峡, 崩年亦在永安宫。
翠华想像空山里, 玉殿虚无野寺中。
古庙杉松巢水鹤, 岁时伏腊走村翁。
武侯祠堂常邻近, 一体君臣祭祀同。

옛 유적지를 돌아보며 제4수

오(吴)를 정벌코자 삼샤(三峡)에 진을 쳤던 촉주(蜀主)
영안궁(永安宫)[1]에서 마지막 숨을 거두어야 했네.
옛적 황제기가 펄럭였으나 지금은 공허한 산
궁전은 허물어지고 텅 빈 들판에 절 하나 남았는데[2]
고찰의 잣나무 가지엔 물새가 둥지를 틀었고
매해 절기를 따라 촌로들이 선주 묘에 모여드니
무후 사당이 언제나 곁에서 모시면서
군신이 일체가 되어 함께 제사를 받는구나.

1) 충칭시 펑제현(奉节县)에 있던 촉한의 궁궐.
2) 궁전 동쪽의 와룡사(卧龙寺).

　　　　　＊＊＊

咏怀古迹 其五

诸葛大名垂宇宙，宗臣遗像肃清高。
三分割据纡筹策，万古云霄一羽毛。
伯仲之间见伊吕，指挥若定失萧曹。
运移汉祚终难复，志决身歼军务劳。

옛 유적지를 돌아보며 제5수

제갈량 위대한 이름 온 천지와 고금에 영원하여
고결한 절개 충신의 영정을 대하니 숙연함 금할 수 없네.
고심 끝에 세운 천하 삼분의 방책
한 마리 난새를 타고 높은 하늘을 고고하게 나는 것 같도다.
탁월한 재능은 이윤(伊尹), 여상(呂尙)과 어깨를 견주고
군대를 지휘함은 조삼(曹參), 소하(蕭何)가 비할 바 못 되네.
국운이 한(汉)에서 떠나 결국은 회복하기 어려우니
의지는 결연하나 과중한 군사 일로 몸이 무너지고 말았구나.

▶ 두보는 766년(대종 대력 원년) 쿠이저우에서 삼샤로 가는 길에 장링(江陵)에 들러 유신과 송옥의 고택, 소군촌, 영안궁, 선주묘, 무

후사를 차례로 돌아보며 고대의 재사, 미인, 영웅, 명재상에 대한 존경을 이 시에 담음.

이윤은 탕(汤)을 도와 하를 멸하고 상(商)을 건국한 공신, 여상은 주(周)의 문왕(文王)과 무왕(武王)을 도와 상(商)을 멸함. 소하와 조삼은 한 고조 유방(汉高祖刘邦)의 참모로 각각 1, 2대 재상이 됨.

유장경(刘长卿 : 718~790年)

江州重别薛六柳八二员外

生涯岂料承优诏, 世事空知学醉歌。
江上月明胡雁过, 淮南木落楚山多。
寄身且喜沧洲近, 顾影无如白发何。
今日龙钟人共老, 愧君犹遣慎风波。

장저우(江州)에서 설육(薛六), 유팔(柳八)과 헤어지며

평생 살면서 이렇게 망극한 조서를 받게 될 줄이야[1]
세상사 알고 보면 취하여 노래하느니 못해.
북쪽 기러기 떼가 달빛 밝은 강 위를 날아가고
화이난(淮南)에 나뭇잎 지면 초(楚)의 산도 모습을 드러내네.
바닷가 근처에 몸을 의탁하여 잠깐 즐거웠으나
돌아보니 그림자 같은 세월 흰머리를 어찌하랴.
오늘 우리 같이 늙어 걸음도 불편한 처지에
풍파 조심하라고 신신당부하는 그대들에게 고맙고 부끄러울 따름일세.

1) 자신에게 내려진 조치가 부당함을 반어적으로 표현.

▶ 782년(덕종 건중 3년) 이희열(李希烈)의 반군이 쑤이저우(随州, 지금의 안후이 쑤이현随县)을 점령하자 쑤이저우 자사이던 유장경은 책임을 지고 장저우(江州, 지금의 장시 주장江西九江)로 유배 갔다가 다시 화이난 절도사의 막부로 명을 받고 출발하기 전 이 시를 씀. 한편에서는 758년(숙종 지덕 3년)에 난바위(南巴尉)로 좌천될 때 장저우를 경유하면서 쓴 시라는 설도 있음. 설육(薛六)과 유팔(柳八)에 대해서는 알려진 것이 없으며 제목에서 두 사람은 원외랑(员外郞)이라는 관직에 있었던 것을 알 수 있음.

* * *

长沙过贾谊宅

三年谪宦此栖迟, 万古惟留楚客悲。
秋草独寻人去后, 寒林空见日斜时。
汉文有道恩犹薄, 湘水无情吊岂知？
寂寂江山摇落处, 怜君何事到天涯。

창사(长沙)의 가의(贾谊) 고택에 들러

이곳으로 밀려와서 지내야 했던 삼 년
초 땅에서의 나그네 설움 시간이 멈춘 것 같았겠지.
가을 풀잎 밟으며 홀로 찾은 옛사람의 자취
썰렁한 숲에 남은 것은 단지 저녁 햇살뿐이라.

성군 한 문제가 하필 그대에게는 야박했었는지
무정한 샹수이(湘水)는 내가 온 뜻을 알까.
적막한 강산, 초목도 이미 시들어 떨어진 곳
애석하구나, 그대 어쩌다 세상 끝까지 밀려왔는가!

▶ 유장경은 758년과 773년 두 번의 지방 좌천을 당했는데, 이 시는 두 번째 창사로 좌천되었던 해 늦은 가을 가의의 고택을 둘러보고 쓴 것으로 보임. 가의(BC 200~BC 168)는 한 문제 때 정치가로 중상모략을 당해 창사왕 태부(太傅)로 3년간 좌천됨. 이후 조정으로 소환을 받지만 중용되지 못하고 화병으로 죽음.

* * *

自夏口至鸚鵡洲夕望岳陽寄源中丞

汀洲无浪复无烟, 楚客相思益渺然。
汉口夕阳斜渡鸟, 洞庭秋水远连天。
孤城背岭寒吹角, 独树临江夜泊船。
贾谊上书忧汉室, 长沙谪去古今怜。

샤커우(夏口)¹⁾에서 잉우저우(鸚鵡洲)²⁾로 가는 배에서 저녁 무렵 웨양(岳阳)³⁾을 바라보며 원 중승(源中丞)⁴⁾에게 쓰다

잉어저우 가는 동안 풍랑 없고 안개 없어
초 땅 나그네의 그리움은 갈수록 깊어진다.
한커우(汉口)의 석양, 새들은 비스듬히 강을 건너고
둥팅 가을 호수는 멀리 하늘과 맞닿았네.
산을 등진 외로운 성, 나팔소리는 차갑고
강가에 홀로 선 나무, 밤이 되어 배를 대었네.
가의(贾谊)는 충정에서 상소를 올렸건만
창사 좌천이 웬 말인가, 예나 지금이나 처량한 신세.

1) 후베이 우한의 한수이(汉水)가 창강으로 흘러 들어가는 입구. 몐양(沔阳) 이하 지역의 한수이를 샤수이(夏水)라고 하기 때문에 한수이와 창강이 만나는 곳을 샤커우 또는 한커우(汉口)라고 함.
2) 창강 안에 있던 섬. 당나라 이후 점점 서쪽으로 이동하여 한양(汉阳)과 붙어 버렸음.
3) 후난성 소재. 둥팅호(洞庭湖) 호숫가에 위치.
4) 어사중승(御史中丞)의 약칭. 당나라 때 어사대부(御史大夫)의 직무를 대행함.

▶ 숙종 지덕(肃宗至德, 756~758년) 연간에 어저우 전운유후(鄂州转运留后)를 맡아 샤커우 일대를 돌아보며 씀.

천기(钱起 : 722?~780年)

赠阙下裴舍人

二月黄莺飞上林, 春城紫禁晓阴阴。
长乐钟声花外尽, 龙池柳色雨中深。
阳和不散穷途恨, 霄汉长怀捧日心。
献赋十年犹未遇, 羞将白发对华簪。

배 사인(裴舍人)에게 드림

이월이 되어 상림원(上林苑)[1]에 꾀꼬리 날아들고
봄이 온 자금성(紫禁城)의 새벽, 초목이 무성하네.
장락궁(长乐宫)[2]의 종소리, 꽃 속으로 흩어지면
용지(龙池)[3]의 버드나무는 비 속에서 더욱 짙푸르다.
따스한 햇살도 막다른 길 여한을 없애지 못하나
하늘이 해를 떠받드는 마음 영원토록 변함없어.
부(赋)를 올리고[4] 십 년, 아직도 쓰임 받지 못하고 있거늘
이젠 흰머리까지 생겨 그대 대하기가 부끄럽소.

1) 한 무제 때 조성한 정원. 궁궐 정원의 대명사가 됨.
2) 서한 때 장안성 안에 있던 궁전 이름. 장안성을 지칭.
3) 현종은 궁 안의 작은 호수를 흥경궁(兴庆宫)으로 바꾸고 여기서 집

무, 기거하는 일이 많았음.
4) 서한의 사마상여(司馬相如)가 무제(武帝)에게 부를 지어 올리고 중용된 다음 많은 문인들이 모방을 함. 부를 지어 올리는 것이 과거에 응시한다는 의미를 지니게 됨.

▶ 천기가 과거에 급제하지 못하고 있을 때 배 씨 성의 중수사인(中书舍人)에게 보낸 시. 당나라 때 황제를 지척에서 섬기던 관리로 통사사인(通事舍人), 기거사인(起居舍人), 중수사인이 있었는데, 수시로 황제와 대소사를 상의하다 보니 실질적인 권한이 매우 막강하였음. 그중에서도 중수사인은 조서의 초안을 잡는 직책이었으므로 상당한 문장가라야 했음. 천기는 배 사인이 자신을 임용 천거해 주기를 바라며 이 시를 보냄.

위응물(韦应物 : 737~792年)

寄李儋元锡

去年花里逢君别, 今日花开又一年。
世事茫茫难自料, 春愁黯黯独成眠。
身多疾病思田里, 邑有流亡愧俸钱。
闻道欲来相问讯, 西楼望月几回圆。

이담(李儋)과 원석(元锡)에게

작년 꽃들이 만개할 때 우리 헤어졌더니
일 년이 지나 오늘 또 꽃이 피는구나.
세상이 지극히 혼란하여 앞일을 예측할 수 없고
근심 가득한 봄날 홀로 잠 못 이루는 밤.
여기저기 아프다 보니 귀향 생각 간절한데
고을의 허다한 유랑민들, 녹 받는 것이 부끄러워라.
자네들 나 만나러 찾아오리라는 소식에
서쪽 누각에서 달 차는 것 바라봄이 몇 번째일까.

▶ 783년(덕종 건중 4년) 초여름에 위응물은 추저우(滁州) 자사로 발령을 받고 가을에 도착. 시 친구인 이담(李儋)과 원석(元锡)이 장안에서 헤어진 뒤 사람 편에 안부를 물어 옴. 이듬해 봄 답으로 이

시를 씀.

    위응물은 추저우에서 1년을 지내면서 조정의 혼란, 군벌의 난립 등으로 나라가 쇠망해가고 백성들이 도탄에 빠지는 현실을 직접 경험함. 이해 겨울 장안에서는 주체(朱泚)가 난을 일으켜 국호를 진(秦)이라 하고 스스로 황제라 칭함. 덕종은 황급히 피난을 하였다 다음 해 5월에야 장안을 수복. 위응물은 상황을 파악하기 위해 북쪽으로 사람을 파견하였으나 이 시를 쓸 때는 아직 돌아오지 않아 초조하게 기다리던 중이었음.

한홍(韩翃 : 생몰연대 미상)

同題仙游观

仙台初见五城楼, 风物凄凄宿雨收。
山色遥连秦树晚, 砧声近报汉宫秋。
疏松影落空坛静, 细草香闲小洞幽。
何用别寻方外去, 人间亦自有丹丘。

선유관(仙游观)[1]

높은 전망대에서 처음 내려다본 선유관
밤중에 비가 내려 풍경 한번 쓸쓸하다.
산이 품은 색은 멀리 진(秦) 땅 나무에 다다르고
다듬잇방망이 소리는 가을이 가까움을 알리는구나.
고요한 제단에 성긴 소나무 그늘이 지고
그윽한 작은 동굴 가녀린 풀잎 내음 스며드네.
다른 세계로 선경(仙境)을 찾아갈 일 없음은
인간 세상 여기에 신선 사는 낙원이 있음이라.

1) 허난 쑹산(嵩山)의 샤오야오곡(逍遥谷)에 있는 도교 사원. 당나라 초기 도사 반사정(潘师正)이 이 골짜기에 살았는데 그를 깊이 존경하였던 고종(高宗)이 영을 내려 도교 사원을 지었음.

황보염(皇甫冉 : 약 718~771年)

자는 무정(茂政). 룬저우 단양(润州丹阳, 지금의 장쑤 전장江苏镇江) 출신. 10세에 이미 시문에 능통하여 장구령이 꼬마 친구라고 부름. 756년 진사 시험에 장원 급제. 좌습유(左拾遗), 우보궐(右补阙) 등의 관직을 지냄.

春思

莺啼燕语报新年, 马邑龙堆路几千。
家住层城临汉苑, 心随明月到胡天。
机中锦字论长恨, 楼上花枝笑独眠。
为问元戎窦车骑, 何时返旆勒燕然。

봄날 소원

꾀꼬리 노래하고 제비 지저귀며 새해를 알려주네
마이(马邑)와 룽두이(龙堆)¹⁾는 몇천 리를 가야 하나.
집은 겹겹 성안²⁾에 있어 궁전 정원과 이웃하지만
마음은 밝은 달을 따라 오랑캐 하늘로 날아가네.
끝없는 그리움을 비단 위에 수로 놓고³⁾
누각 위 꽃나무 가지 홀로 잠든 사람을 비웃네.

총사령관 두(竇) 거기장군[4]에게 여쭈오니

어느 때나 개선하여 옌란산(燕然山) 바위에 글을 새기렵니까?

1) 마이는 산시 수오현(山西朔县)에 있던 성으로 한나라와 흉노가 쟁탈전을 벌였음.
   룽두이는 바이룽두이(白龙堆)의 줄임말로 톈산(天山) 남쪽에 있는 사막.
2) 서울의 성은 내성과 외성으로 이루어져 있음.
3) 동진(东晋)의 두도(竇滔)는 친저우(秦州) 자사를 지냈으나 룽사(龙沙)로 좌천됨. 그의 아내 소혜(苏蕙)가 비단에 회문시를 수놓아 보냈다는 고사의 인용. 회문시(回文诗)란 처음이나 끝 어느 쪽부터 읽어도 의미가 통하고 시법에도 어긋나지 않아 시작도 끝도 없이 이어지는 시. 남편의 그리워하는 마음이 끝이 없음을 의미.
4) 후한(后汉)의 거기장군(车骑将军) 두헌(竇宪)은 흉노를 격파하고 옌란산(燕然山)에 올라 반고(班固)에게 바위에 글을 새기게 함. 옌란산은 지금 몽골의 항아이산(杭爱山).

▶ 하루빨리 전쟁이 끝나고 남편이 무사히 돌아오기를 기다리는 규방 여인의 소망을 노래한 시. 성당(盛唐) 시기 사회는 안정되고 번영을 누렸으나 국경에서는 싸움이 그칠 날이 없었음. 전방의 병사와 고향의 아내가 서로 그리워하는 마음은 많은 시의 중요 소재가 됨.

노윤(卢纶 : 739~799年)

晚次鄂州

云开远见汉阳城, 犹是孤帆一日程。
估客昼眠知浪静, 舟人夜语觉潮生。
三湘愁鬓逢秋色, 万里归心对月明。
旧业已随征战尽, 更堪江上鼓鼙声。

저녁 무렵 어저우(鄂州)에 도착하다

자욱한 구름이 걷혀 멀리 한양성(汉阳城)이 보이나
아직 하루는 더 뱃길을 가야 하리.
잔잔한 물결에 동승한 장사꾼은 낮잠이 들고
한밤중 뱃사람들 떠드는 소리에 파도치는 것을 깨달았네.
삼샹(三湘)의 깊은 가을에 귀밑머리 흰 물이 들고
만 리 고향을 그리는 마음 밝은 달에게 털어놓았네.
가산은 이미 전란으로 흔적 없이 사라졌거늘
강 위에서는 여전히 싸움터의 북소리 들리는 듯하구나.

▶ 안사의 난이 발생하여 고향을 떠나 피난 길에 오름. 포양(鄱阳)에 머물다 한양성(汉阳城)으로 이동하는 길에 삼샹(三湘)을 거쳐 어저우(鄂州)에 도착하여 이 시를 씀. 어저우는 지금의 후베이 우창(武

昌)의 옛 지명이며 한양성은 어저우 서쪽 한수이(汉水) 북쪽 강변에 위치. 삼샹은 샹강(湘江)의 세 지류인 리샹(漓湘), 샤오샹(潇湘), 증샹(蒸湘)의 총칭이며 어저우 위쪽에 있음.

유종원(柳宗元 : 773~819年)

登柳州城楼寄漳汀封连四州

城上高楼接大荒, 海天愁思正茫茫。
惊风乱飐芙蓉水, 密雨斜侵薜荔墙。
岭树重遮千里目, 江流曲似九回肠。
共来百越文身地, 犹自音书滞一乡。

류저우(柳州) 성루에 올라 장팅펑롄(漳汀封连) 네 개 주에 보냄

성 위 높은 누대에서 바라보니 황량 무변 벌판이라
쓰라린 마음은 하늘과 바다처럼 망망하구나.
세찬 바람에 물 위의 연꽃들이 미친 듯이 흔들리고
갑작스레 폭우가 담장 덩굴을 옆으로 두들기네.
겹겹이 쌓인 봉우리는 천릿길 시선을 가로막고
굽이굽이 흐르는 강물은 애간장을 끊어놓네.
온몸에 문신 가득한 바이웨(百越)족 땅까지 쫓겨와
여전히 편지 한 통 전하는 길 열리지 않는다니

▶ 유종원은 한태(韩泰), 한엽(韩晔), 진간(陈谏), 유우석(刘禹锡)과 함께 805년 왕숙문(王叔文)이 주도한 영정 혁신(永贞革新)에 참

여하였다가 실패하고 유배됨. 10년 뒤 그들은 서울로 초치되었다가 유종원은 류저우 자사, 한태, 한엽, 진간, 유우석은 각각 장저우(漳州), 팅저우(汀州), 펑저우(封州), 롄저우(连州) 자사로 보내짐. 815년(헌종 원화 10년) 가을 시인은 류저우에 도착한 뒤 누각에서 만감이 교차하여 이 시를 씀.

유우석(劉禹錫 : 772~842年)

西塞山怀古

王濬楼船下益州, 金陵王气黯然收。
千寻铁锁沉江底, 一片降幡出石头。
人世几回伤往事, 山形依旧枕寒流。
今逢四海为家日, 故垒萧萧芦荻秋。

시사이산(西塞山) 회고

왕준(王濬)[1]의 함대가 이저우(益州)를 떠나 동으로 향하니
진링(金陵)[2]의 왕성한 국운이 돌연 빛을 잃었네.
팔천 척 쇠사슬이 강 속 깊이 가라앉자[3]
석두성(石头城)[4]에 항복기가 내걸렸네.
흐르는 역사, 되돌아볼 사건은 몇 번이고 일어나지만
차가운 강에 누운 산은 변함없이 같은 모습.
오늘 사해(四海)가 한 집을 이루었으니
옛 요새에 가을이 깊어 쏴쏴 갈대 소리만 들린다.

1) 진(晋)나라 때 이저우(益州) 자사. 진 무제(晋武帝)의 명령으로 대함대를 구성하여 오나라를 정벌함. 이저우는 청두의 진나라 때 이름.
2) 지금의 난징. 삼국시대 오나라의 수도.

3) 오나라 황제 손호(孙皓)는 창강의 험난한 지형을 이용하여 강 속에 쇠기둥을 박고 강을 가로질러 8천 척 길이의 쇠사슬을 설치. 왕준은 수십 척의 큰 뗏목으로 쇠기둥을 무너뜨리고 쇠사슬은 불로 녹여 돌파함.
4) 한(汉)나라 때 난징 스터우산(石头山)에 쌓은 성.

▶ 824년(목종 장경 4년) 유우석은 쿠이저우(夔州, 지금의 충칭 펑제奉节) 자사에서 허저우(和州, 지금의 안후이 허현和县) 자사로 전배됨. 강을 따라 동쪽으로 가던 중 시사이산(西塞山)을 지나며 역사의 흥망에 대한 감회를 시로 씀. 시사이산은 후베이 황스시(黄石市)에 있는데 창강 안으로 돌출하여 강줄기를 돌아가게 하고 산 정상에 서면 마치 강 중간에 있는 것 같은 착각을 일으킨다고 함.

안사의 난 이후 심각했던 번진 할거가 헌종(宪宗) 때 많이 진압되고 국정이 안정됨. 그러나 이도 잠시 821년에서 822년 사이 허베이의 삼진(三镇)은 다시 번진 세력이 할거함. 이런 시대적 상황에서 이 시를 씀.

원진(元稹 : 779~831年)

　자는 미지(微之)이며 허난(河南, 지금의 허난 뤄양) 출신. 793년(덕종 정원 9년) 명경과(明经科)에 급제하고 감찰어사를 지냈으나 환관들과 수구 세력에게 미움을 사 배척됨. 이후 환관의 도움으로 동중서문하평장사(同中书门下平章事)로 복귀하였다가 우창쥔 절도사(武昌军节度使) 임지에서 사망. 백거이와 가까이 지내며 신악부운동을 추진하여 원백(元白)이라고 불림. 문장의 기교에 치중하여 "원은 가볍고 백은 속되다(元轻白俗)"라는 말이 있음. 원씨 장경집(元氏长庆集) 60권과 보유(补遗) 6권, 830여 수의 시가 전함.

遣悲怀 其一

谢公最小偏怜女, 嫁与黔娄百事乖。
顾我无衣搜画箧, 泥他沽酒拔金钗。
野蔬充膳甘长藿, 落叶添薪仰古槐。
今日俸钱过十万, 与君营奠复营斋。

아픈 가슴 달래며 제1수

사공(谢公)의 지극한 사랑을 받던 당신이[1]

가난한 검루(黔娄)²⁾와 결혼하여 온갖 고생 당했구려.
남편 옷 한 벌 장만코자 바구니를 뒤져가며
굳이 금비녀를 뽑아 술 뒷바라지 감당터니
쓰디쓴 들나물로 맛있는 척 허기를 채우면서
낙엽 긁어 땔감이요 마른 홰나무로 밥을 지었는데
오늘에야 봉록이 십만 전을 넘었건만
해줄 것은 제사상과 극락왕생 비는 것뿐이로군요.

1) 동진(东晋) 재상 사안(谢安)의 지극한 총애를 받은 조카 사도운(谢道韫)에 부인 위총을 비유.
2) 전국시대 제(齐)나라의 은둔자. 극도로 가난하여 죽었을 때 시체를 덮을 옷이 없었음. 명문세가의 규수인 위총이 눈높이를 낮추어 자신에게 시집왔음을 의미.

* * *

遣悲怀 其二

昔日戏言身后意, 今朝都到眼前来。
衣裳已施行看尽, 针线犹存未忍开。
尚想旧情怜婢仆, 也曾因梦送钱财。
诚知此恨人人有, 贫贱夫妻百事哀。

아픈 가슴 달래며 제2수

오래전 죽고 난 뒷수습을 농담 삼아 말하더니
오늘 아침 모든 것이 눈앞에 벌어졌구려.
그대 입던 옷은 이미 다 나누어주었지만
아직 갖고 있는 반짇고리 통, 차마 열지를 못하겠소.
돌이켜보면 항상 노비들을 가련히 여겼길래
몇 번이고 꿈에 의지하여 지전을 태워 보냈다오.
사별의 아픔 절실하지 않은 사람 있으랴마는
가난한 부부의 고생했던 옛일들, 안타깝기 그지없소.

* * *

遣悲怀 其三

闲坐悲君亦自悲, 百年都是几多时.
邓攸无子寻知命, 潘岳悼亡犹费词.
同穴窅冥何所望, 他生缘会更难期.
惟将终夜长开眼, 报答平生未展眉.

아픈 가슴 달래며 제3수

하염없이 앉아 그대를 슬퍼하고 나를 탄식하니
순식간의 백 년 세월 계속되고 계속되리.
등유(邓攸)[1]는 무자식이 운명의 정함인 줄 깨달았고
반악(潘岳)[2]의 죽은 부인 애도시는 공연한 글 낭비라.

한 무덤에 합장한들 죽은 사람에게 무슨 소망이며
저세상에서 다시 맺어짐은 허황한 바람일 뿐
그저 두 눈을 뜨고 온밤을 지새워 그리워함이
평생 미간을 펴지 못했던 당신에 대한 보답이오.

1) 서진(西晉) 때 허시(河西) 태수. 훌륭한 인품에도 불구하고 종신토록 자식이 없었음.
2) 서진 때의 문학가. 부인과 사별하고 애도시(悼亡诗) 세 수를 씀.

▶ 원진의 부인 위총(韦丛)은 태자소보(太子少保) 위하경(韦夏卿)의 막내딸로 아버지의 귀여움을 독차지하며 자랐음. 802년(덕종 정원 18년) 20세 때 아직 미관말직이던 25세의 원진과 결혼. 어려운 살림살이에도 조금의 원망도 없이 남편 뒷바라지를 하였고 부부 금슬이 좋았음. 7년이 지나고 원진이 감찰어사(监察御史)를 맡고 있을 때 위총이 27세의 나이로 병사함. 원진은 아픈 마음을 금할 길 없어 적지 않은 애도시를 남겼는데 그중 가장 유명한 것이 이 연작시임.

백거이(白居易 : 772~846年)

  自河南经乱关内阻饥兄弟离散各在一处因望月有感聊书所怀寄上浮梁大兄於潜七兄乌江十五兄兼示符离及下邽弟妹

时难年荒世业空, 弟兄羁旅各西东。
田园寥落干戈后, 骨肉流离道路中。
吊影分为千里雁, 辞根散作九秋蓬。
共看明月应垂泪, 一夜乡心五处同。

  허난(河南)에서 전란이 발생하니 관네이(关内) 일대에 기근이 발생하여 형제들이 뿔뿔이 흩어짐. 달을 바라보면서 마음에 품은 생각을 잠깐 긁적거려 푸량(浮梁)의 큰 형, 위첸(於潜)의 일곱째 형, 우쟝(乌江)의 열다섯째 형과 푸리(符离), 샤펑(下邽)의 형제자매들에게 보내어 읽게 함.

시절이 험난하여 물려받은 가업은 깡그리 무너지고
형제들은 동서남북 살길을 찾아 떠나고 없네.
전란이 휩쓸고 지난 논밭, 황폐해져 인적조차 없고
골육들은 모두 흩어져 길 위를 헤매는구나.
천릿길 홀로 남은 기러기, 그림자로 자신을 위로하고
개망초는 뿌리에서 떨어져 가을바람에 흩날리네.

지금쯤 동시에 밝은 달을 보며 상심한 눈물 흘리리니
한밤의 고향 그리는 마음은 다섯 곳이 매한가지라.

▶ 799년(덕종 정원 15년) 2월 쉬안우(宣武, 허난성 카이펑시) 절도사 동진(董晉)이 죽자 부하들이 반란을 일으키고 3월에는 장이(彰義, 허난성 루난현汝南縣) 절도사 오소성(吳少誠)이 반란을 일으킴. 조정에서는 16도 병마를 동원하여 진압하려고 하였으나 전란의 규모가 커지고 기간도 길어짐. 당시 남방의 물자는 대부분 허난을 경유하여 관네이로 운송되었는데 관네이에 대기근이 발생하여 마을들은 황폐해지고 사람들은 뿔뿔이 흩어짐. 이듬해 봄에 장안에서 진사 과거를 본 후 동쪽 고향으로 돌아간 백거이는 집안이 완전히 무너져 형제자매들이 천하 각지로 흩어진 것을 목격함. 관네이는 지금의 산시(陝西) 대부분과 간쑤, 내몽골 일부 지역.

큰형은 이때 라오저우 푸량(饒州浮梁, 지금의 장시 징더전江西景德鎭)의 주부(主簿), 사촌 형은 위첸(지금의 저장성 린안현臨安縣)의 현위(縣尉), 또 다른 사촌 형은 우장의 주부로 근무하고 있었고, 그의 아버지가 펑청(彭城, 지금의 장쑤 쉬저우徐州)에서 관리 생활을 할 때 가족들은 푸리에 거주하였음. 샤펑은 지금의 산시성 웨이난현(陝西省渭南縣)으로 조상 대대로 백씨들이 살던 곳.

이상은(李商隱 : 약 813~858年)

锦瑟

锦瑟无端五十弦, 一弦一柱思华年。
庄生晓梦迷蝴蝶, 望帝春心托杜鹃。
沧海月明珠有泪, 蓝田日暖玉生烟。
此情可待成追忆, 只是当时已惘然。

거문고

멋들어진 거문고는 하필이면 오십 현인가
한 줄 한 축 아름다웠던 시절을 떠오르게 하는구나.
장생(庄生)은 꿈에서 훨훨 나는 나비가 되었고[1]
황제는 말 못 하는 원한을 두견(杜鹃)[2]에게 맡겼었네.
달 밝은 창해, 교인(鲛人)[3]이 흘린 눈물은 구슬이 되고
햇살 따사로운 란톈(蓝田)[4]에서 옥 연기가 피어오르네.
당시에는 망연자실 허둥지둥 세월이 흘러갔는데
이제 새삼 추억이 되어 새록새록 되살아나는구나.

1) 장생이 잠결에 자신이 나비로 변한 꿈을 꿈. 깨어난 뒤 자신이 꿈에서 나비로 변한 것인지 나비가 자신으로 변한 꿈을 꾸고 있는지 알지 못했다는 고사를 빌어 이상은 자신의 인생이 한낱 꿈에 불과하

고 과거지사는 연기 같음을 비유.
2) 주나라 말기 촉 지역의 군주 두우(杜宇)는 제위를 선양하고 죽은 뒤 그 혼이 새가 되었는데 이름을 두견이라 함. 늦봄이 되면 목에서 피가 나올 때까지 울었는데 그 소리가 너무 슬프고 처절하여 사람의 폐부를 찌르는 것 같았음.
3) 전설에서 남해에 산다는 물고기 모양의 사람. 울면 눈물이 구슬로 변한다고 함.
4) 지금의 산시 란텐(陝西蓝田) 동남쪽에 있는 옥의 산지로 유명한 산. 이 산에 햇살이 따사롭게 비치면 숨겨져 있던 옥의 기운이 연기처럼 피어오르는데 이러한 옥의 정기는 멀리서만 보이고 가까이 가면 찾을 수가 없다는 전설이 있음.

▶ 이상은은 나면서부터 총명하여 20세에 진사 급제하였으나 우이당쟁(牛李党争)에 휘말려 양쪽에서 비난을 받고 중용되지 못한 채 평생을 보냈으며 중년에는 상처의 아픔까지 당함. 이 시는 그의 아내가 죽은 뒤 지나간 시절을 되돌아보며 쓴 시.

* * *

无题

昨夜星辰昨夜风, 画楼西畔桂堂东。
身无彩凤双飞翼, 心有灵犀一点通。
隔座送钩春酒暖, 分曹射覆蜡灯红。
嗟余听鼓应官去, 走马兰台类转蓬。

무제

화려한 누각 서쪽, 예쁜 안채 동쪽에서
어젯밤 별은 반짝이고, 어젯밤 봄바람이 불었지.
봉황 날개가 없어 몸은 날아갈 수 없으나
코뿔소 뿔의 한 점 무늬로 마음은 서로 통하네.[1)]
고리 찾기 놀이(送钩)[2)]에 따뜻한 술이 오가고
붉은 촛불 아래 조를 나누어 보물찾기(射覆)[3)]가 한창이겠지.
아이고, 벌써 북이 울리고 출근해야 하는구나[4)]
말을 타고 난대(兰台)[5)]로 향하지만 마음은 흔들리는 갈대로다.

1) 고대 전설에 코뿔소의 뿔에 하얀 무늬가 있는데, 감응이 예민하다고 함.
2) 불특정의 사람에게 고리를 주고 다른 사람들이 누가 고리를 가지고 있는지 맞추는 게임.
3) 덮개 아래 물건을 감추고 어느 덮개가 맞는지 맞추는 게임. 못 맞추면 벌로 술을 마심.
4) 고대 궁궐에서는 묘(卯)시에 북을 쳐서 관료들을 소집하고, 오(午)시에 북을 치면 퇴근을 했음.
5) 비서성의 별칭. 661년(고종 용삭 초) 난대라고 이름을 바꿈.

▶ 이 시의 창작 배경에 대한 가장 유력한 설은 이상은이 839년(문종 개성 4년) 비서성 교수랑(秘书省校书郎)으로 임명된 뒤 어느 귀족의 후당에서 열린 잔치에 참석했다가 그 집의 첩을 보고 썼다는 것

임. 이상은은 이 시의 보충으로 아래와 같은 칠언절구 연작시를 씀.

闻道阊门萼绿华, 昔年相望抵天涯。
岂知一夜秦楼客, 偷看吴王苑内花。

창문(阊门)[1]에 이르러 악녹화(萼绿华)[2] 이야기를 듣게 되네
줄곧 하늘 끝에 있어 그리워하기만 했었는데
오늘 밤 진루의 객(秦楼客)[3]이 될 줄 생각이나 했으랴
오왕(吳王)의 정원에서 한 떨기 꽃을 훔쳐보는구나.

1) 전설상의 하늘 문으로 창합(阊阖)이라고도 함.
2) 전설상의 여자 신선.
3) 소사(萧史)는 퉁소에 능통하여 봉황의 소리를 낼 수 있었음. 진 목공(秦穆公)이 딸 농옥(弄玉)과 결혼시킴.

* * *

隋宫

紫泉宫殿锁烟霞, 欲取芜城作帝家。
玉玺不缘归日角, 锦帆应是到天涯。
于今腐草无萤火, 终古垂杨有暮鸦。
地下若逢陈后主, 岂宜重问后庭花。

수궁(隋宮)

높이 솟은 자천궁전(紫泉宮殿)[1], 안개와 노을이 휘감았거늘
황폐한 성[2]을 취해 제왕의 집으로 삼고자 하였으니
옥쇄가 수와 인연이 없어 고조에게 돌아오지 않았던들
비단 돛 황제의 배는 세상 끝까지 가고야 말았으리.
썩은 풀 반딧불이[3] 이제는 찾을 곳 없고
저녁 무렵 까마귀는 늘어진 버들가지에 마침내 깃들었나니[4].
양광(楊广)이 지하에서 진 후주(陳后主)와 만난다면[5]
설마 '후정화(后庭花)'[6] 노래를 감상하진 않을 테지.

1) 자천은 장안의 하천명. 자천궁전은 장안에 있던 수나라 궁전을 지칭함.
2) 광릉(广陵, 지금의 양저우)
3) 옛사람들은 썩은 풀이 변하여 반딧불이가 되는 것으로 생각. 양광(楊广, 수 양제)은 반딧불이를 잡아 뤄양의 경화궁(景华宮)에 방생하고 밤에 구경하였으며, 장두에서도 방형원(放萤院)을 수리하여 반딧불이를 방생함.
4) 수 양제는 운하 양옆으로 길을 닦고 버드나무 가로수를 심었는데 그 길이가 천삼백 리에 달하였음. 행차 시에는 불야성을 이루어 까마귀들이 나무에 둥지를 틀 수 없을 정도였음.
5) 남조 진나라 마지막 황제 진숙보(陳叔宝). 방탕한 생활에 빠져있다 수나라에 투항함. 이때 양광은 수나라의 태자로 서로 잘 아는 사이였음.

6) 진 후주가 만든 곡으로 가사가 매우 아름다움. 양광이 천자가 되어 배를 타고 장두로 놀러 갈 때 꿈속에서 죽은 진 후주와 그의 비 장려화(张丽华)를 만나 장려화에게 '후정화' 춤 한 곡 출 것을 요청함.

▶ 857년(선종 대중 11년) 이상은은 유중영(柳仲郢)의 추천으로 철염추관(盐铁推官)에 임명되어 강동(江东)을 돌아봄. 수 양제는 중국 역사상 최악의 황제로 즉위 이후 국사는 돌보지 않고 장두(江都, 지금의 장쑤 양저우)에 놀러 다니기 위해 2천여 리에 달하는 운하를 파게 함. 그는 또 항저우에도 가보고 싶어 8백여 리의 강남 운하를 건설하고 운하 옆에 행궁을 짓게 하여 백성들의 고혈을 짬. 그의 재위 14년 중 3차에 걸쳐 장두에 갔는데 행차하는 배들의 앞뒤가 맞닿은 길이가 2백여 리에 달하였고, 비단 돛을 단 배가 지나가는 곳은 향불 냄새가 십 리 밖까지 퍼짐. 매번 수행 인원이 20만 명에 운하 양쪽에서 배를 끌도록 동원된 백성이 8~9만 명에 달함. 이상은은 이러한 역사적 사실을 풍자하면서 당시의 조정을 경고하고자 이 시를 씀.

* * *

无题 其一

来是空言去绝踪, 月斜楼上五更钟。
梦为远别啼难唤, 书被催成墨未浓。
蜡照半笼金翡翠, 麝熏微度绣芙蓉。
刘郎已恨蓬山远, 更隔蓬山一万重。

무제 제1수

돌아오겠다던 허무한 약속, 떠나간 자취 찾을 길 없네.
누각에 달빛 비스듬히 비치고 오경 종소리 들려오네.
머나먼 이별, 꿈속의 울음에서 차마 깨기 어려워라
황급히 써 내려간 편지, 조급한 마음에 먹을 충분히 갈지 못했네.
꺼져가는 촛불이 금색 비취 휘장을 희미하게 비추는데
연꽃 수놓은 이불에 사향 향내 은은하게 남아 있네.
유랑(刘郎)은 봉산 선경(蓬山仙境)에 가지 못함을 한탄하였으니[1]
사랑하는 님이여, 일만 봉우리가 우리 사이를 막고 있구려.

1) 동한(东汉) 때 유신(刘晨)과 완조(阮肇)가 약초를 캐러 산에 갔다가 두 여인을 만나 집으로 초대함. 반년을 같이 머물다 두 여인은 신선의 산으로 돌아가고 유신이 그 산을 찾고자 하였으나 찾지 못함. 이후 남녀 간의 애정 이야기를 의미하게 됨.

* * *

无题 其二

飒飒东风细雨来, 芙蓉塘外有轻雷。
金蟾啮锁烧香入, 玉虎牵丝汲井回。

贾氏窥帘韩掾少, 宓妃留枕魏王才。
春心莫共花争发, 一寸相思一寸灰。

* * *

무제 제2수

쏴쏴 부는 동풍이 이슬비를 몰고 오니
연꽃 가득 호숫가에 희미한 우렛소리 들려오네.[1]
금 두꺼비(金蟾)[2] 향로 구멍에 향을 넣어 불을 지피고
옥 호랑이(玉虎)[3] 도르래로 우물물을 긷습니다.
가씨(贾氏)는 휘장 뒤에서 한수(韩寿)의 준수함을 흠모하고[4]
복비(宓妃)는 위왕(魏王)을 잊지 못해 옥베개를 남겼었죠.[5]
봄날 그리움의 씨앗, 꽃들과 개화를 다투지 못하며
가슴에 품은 애틋함은 매번 재가 되어 스러집니다.

1) 사마상여(司马相如)가 쓴 장문부(长门赋)의 "멀리서 우레 희미하게 울리는 것이, 마치 그대의 수레 소리같이 들린다(雷殷殷而响起兮·声象君之车音)."에서 인용.
2) 향로 뚜껑에 장식한 두꺼비 모양의 향로 투입구.
3) 두레박의 도르래에 장식한 호랑이 모양의 옥돌.
4) 서진(西晋) 때 가충(贾充)의 차녀가 휘장 뒤에서 한수를 엿보고 준수한 용모에 반해 사랑에 빠짐. 황제가 가충에게 하사한 진기한 향을 한수에게 보낸 것이 가충에게 발각되고 가충은 그녀를 한수에게 시집보냄.

5) 복희씨(伏羲氏)의 딸로 뤄수이(洛水)에 빠져 죽은 뒤 신이 됨. 여기서는 삼국시대 조비(曹丕)의 황후인 진씨(甄氏)를 가리킴. 원래 위나라 동아왕(東阿王) 조식(曹植)이 진씨와 결혼하고자 하였으나, 조조가 조비와 결혼시켜 버림. 진씨가 죽은 후 조비는 그녀의 유품인 옥대(玉帶)와 금장식 베개를 조식에게 보냄. 조식은 서울을 떠나 귀국하던 중 뤄수이에서 진씨가 "저는 원래 전하께 저를 의탁하고 싶었으나 뜻을 이루지 못했습니다. 이 베개는 저희 집에서 시집가면서 가져갔던 것입니다. 이전에는 오관중랑장(五官中郎将, 조비)과 함께 하였으나 이제는 전하와 함께하게 되었습니다."라고 말하는 꿈을 꿈.

* * *

筹笔驿

猿鸟犹疑畏简书, 风云常为护储胥。
徒令上将挥神笔, 终见降王走传车。
管乐有才原不忝, 关张无命欲何如?
他年锦里经祠庙, 梁父吟成恨有余。

초우비역(筹笔驿)[1]

원숭이와 새들도 추상같은 군령에 몸을 움츠리고
언제나 바람과 구름이 군영 울타리를 지켰었네.
상장군의 신묘한 전략과 방책도 무용지물이라

항복한 임금이 역참 수레(传车) 탄 꼴을 보고야 말았으니[2]
관중(管仲)과 악의(乐毅)[3]의 재능이 무색하였거늘
관우 장비 모두 죽고 없으니 그인들 어떡하랴
왕년에 진청(锦城)을 지날 때 무후사(武侯祠)에 알현하며 '양부음(梁父吟)'[4]을 불러 천하 대업 이루지 못함 위로하였네.

1) 옛터가 지금의 쓰촨성 광위안(广元)의 북쪽에 있었음. 제갈량이 출정할 때 항상 여기에 군대를 주둔하며 작전을 수립함.
2) 263년(위 원제 경원 4년) 등애(邓艾)의 군대가 촉을 정벌하자 후주 유선(刘禅)이 항복하고 초우비역을 지나 동쪽 뤄양으로 끌려감. 어가를 타지 못하고 역참 전용 수레를 타고 갔음을 의미.
3) 춘추시대 제나라의 재상 관중이 환공(桓公)을 도와 패업을 이룸. 전국시대 연나라의 장군 악의는 강대국 제나라와의 전쟁에서 대승을 거둠.
4) 제갈량이 농사를 지으면서 즐겨 부르던 고악부(古乐府)에 있는 만가(挽歌). 제갈량은 이 시를 읊음으로 세상을 구하려는 포부를 이루지 못함을 스스로 위로함.

▶ 855년(선종 대중 9년) 시인이 신저우(梓州)에서의 임기를 마치고 유중영(柳仲郢)과 함께 장안으로 돌아갈 때 초우비역을 지나면서 이 시로 제갈량을 애도함.

* * *

无题

相见时难别亦难, 东风无力百花残。
春蚕到死丝方尽, 蜡炬成灰泪始干。
晓镜但愁云鬓改, 夜吟应觉月光寒。
蓬山此去无多路, 青鸟殷勤为探看。

무제

서로 만남이 그렇게 힘들더니 헤어짐에 비할 바 아니구나
동풍이 기운을 다하니 모든 꽃들이 시들어 떨어지네.
봄 누에는 죽어서야 실 토하는 것을 멈추고
촛불은 심지가 다 타고나서야 눈물이 마르네.
잠 못 이루는 밤, 새벽녘 거울 앞에서 흐트러진 머리 매만지고
시 읊고 낭송하다 문득 깨달은 맑고 차디찬 달빛이라.
봉래산(蓬莱山) 가려 하나 여기서는 다니는 길이 없어
파랑새야, 부탁하노니 어떻게든 님 계신 곳을 찾아 주렴.

▶ 당나라 때 많은 사람들이 도교를 숭상하고 도술을 신봉함. 이상은은 허난 친양(沁阳)에서 태어나 십오륙세 즈음에 허난성 지위안시(济源市) 서쪽의 위양산(玉阳山)으로 도를 닦으러 보내짐. 이때 위양산의 여도사 송화양(宋华阳)과 사랑에 빠져 솟구치는 감정을 시로 쓰면서 제목을 짓지 않음. 그가 쓴 20수의 무제 시는 대부분 이 여인

에 대한 애정을 노래한 것이며 이 시에서는 연인과 헤어진 여인이 자신의 애달픈 마음을 고백하는 형태를 통해 자신의 심정을 묘사.

한편에서는 이상은이 어릴 적 친구인 재상 영호도(令狐绹)에게 임용을 부탁하며 쓴 일련의 시 중 하나라는 설도 있음.

* * *

春雨

怅卧新春白袷衣, 白门寥落意多违。
红楼隔雨相望冷, 珠箔飘灯独自归。
远路应悲春晼晚, 残霄犹得梦依稀。
玉珰缄札何由达, 万里云罗一雁飞。

봄비

새봄이 되어 하얀 겉옷을 입고 평상에 누웠더니
바이먼(白门)[1]의 쓸쓸한 경치에 마음은 천 갈래 만 갈래.
비 오는 너머로 바라보는 홍루(红楼), 처량함을 더하고
촘촘한 빗줄기, 하늘거리는 등불, 홀로 길을 나섰네.
갈 길은 먼데 쓸쓸한 봄날 서산에 해는 지고
깊은 밤 꿈속에서는 그녀를 만날 수 있으려나.
옥 귀걸이[2]와 편지는 어떻게 전달하랴
일만 리 구름 위를 나는 한 마리 기러기에게 부탁해볼까.

1) 진링(金陵, 지금의 난징)의 별칭. 남녀의 밀회 장소라는 의미로 많이 쓰임.
2) 고대에 남녀 간 사랑의 증표로 옥 귀걸이가 사용되었음.

▶ 시인이 850년(선종 대중 4년) 쉬저우(徐州)의 막부에 막 합류하였을 때 쓴 애정시. 그리움의 대상이 누구냐 하는 점에 있어서 많은 논쟁이 있음. 원래 이상은을 사랑했으나 결국 다른 사람과 함께 뤄양으로 떠난 유지(柳枝)라는 설과 훗날 이상은의 처가 된 왕무원(王茂元)의 딸이라는 설, 공주와 함께 도교 사원에 참배하였다가 도사가 된 궁녀라는 설이 있음.

* * *

无题 其一

凤尾香罗薄几重, 碧文圆顶夜深缝。
扇裁月魄羞难掩, 车走雷声语未通。
曾是寂寥金烬暗, 断无消息石榴红。
斑骓只系垂杨岸, 何处西南任好风?

무제 제1수

봉황 꼬리 수놓은 향내 비단, 몇 겹으로 짠 것일까
청록 무늬 모기장 꼭지를 밤늦도록 바느질일세.

부끄러움에 보름달 같은 부채로 얼굴을 가리고
수레 소리 울리도록 말 한마디 건네지 못하였네.
잠 못 이루는 밤, 어두운 방에 촛불은 재만 남기고
소식은 감감한데 석류꽃은 새빨갛게 물들었습니다.
당신은 지금쯤 강기슭 버드나무에 말을 매고 있겠죠
서남쪽이 어디런가, 바람아 나를 데려가다오.[1]

1) 조식(曹植)의 칠애시(七哀詩) 중 "서남풍에게 바라노니, 나를 님의 품 안으로 데려가다오(愿为西南风, 长逝入君怀)"에서 인용.

* * *

无题 其二

重帷深下莫愁堂, 卧后清宵细细长。
神女生涯原是梦, 小姑居处本无郎。
风波不信菱枝弱, 月露谁教桂叶香？
直道相思了无益, 未妨惆怅是清狂。

무제 제2수

겹겹 휘장에 감추어진 막추(莫愁)[1]의 규방
잠자리에 든 그녀, 적막한 밤은 왜 이리 느리게 가나.
신녀(神女)[2]의 삶이 원래 한바탕 꿈이었음은

소고(小姑)³⁾가 지냈던 곳에 본시 낭군이 없었음이라.
거친 비바람 할퀴니 연약한 마름 줄기를 어찌 믿으며
누가 달빛 아래 계수 잎을 두어 향내 퍼지게 하였는가?
그리워한들 아무 소용없음 절실히 깨달았으니
평생 애태우며 사는 것은 정말 미친 짓일세.

1) 옛 악부에 나오는 여인으로 가요에 능하였으며 소녀를 이르는 말이 됨.
2) 송옥(宋玉)의 가오탕부서(高唐賦序)에 나오는 우산(巫山)의 신녀. 초 양왕과의 하룻밤 뒤 헤어지며 "아침에는 구름이 되고 저녁에는 지나가는 비가 되어 당신을 만나겠다."라고 함.
3) 남조(南朝)의 악부 청계소고곡(青溪小姑曲)에 나오는 여인. "문을 열면 하얀 물줄기, 근처에는 다리가 있고, 소고는 낭군 없이 홀로 지내는구나(开门白水, 侧近桥梁. 小姑所居, 独处无郎)"에서 인용.

▶ 한 여인의 깊은 밤 옛날을 회고하는 방식으로 실연의 아픔과 다시 만날 기약 없는 괴로움을 토로. 시인의 심리상태를 주제로 그가 처한 상황과 연인과의 밀회를 혹은 은근히 혹은 노골적으로 표현.

온정균(溫庭筠 : 약 801~870年)

利州南渡

澹然空水对斜晖, 曲岛苍茫接翠微。
波上马嘶看棹去, 柳边人歌待船归。
数丛沙草群鸥散, 万顷江田一鹭飞。
谁解乘舟寻范蠡, 五湖烟水独忘机。

리저우(利州)에서 강을 건너다

저녁 햇살 비추는 더 넓은 강, 물결은 쉼 없이 반짝이고
아련히 굴곡진 섬은 푸르른 산 기운에 이어져 있구나.
파도 위 노를 저으면 히힝 하는 말 울음소리
버드나무 강변에는 배를 기다리는 사람들.
모래톱 우거진 수풀, 기러기 떼 사방으로 흩어지고
끝없는 강변 논밭 위를 한 마리 백로가 날아오르네.
누가 능히 배에 올라 범려(范蠡)를 찾아가려나[1)
세상사 잊고 안개 낀 우호(五湖)를 홀로 떠돌고 싶어라.

1) 월나라 대부 범려는 20여 년간 월왕 구천(勾踐)을 보좌하여 오나라를 멸망시킨 후, 관직을 버리고 작은 배를 타고 우호(五湖, 타이호太湖와 인근 호수들)로 떠났는데 아무도 그의 종적을 찾을 수 없었음.

▶온정균은 평생 정치적 좌절 가운데 살았음. 여러 차례 과거에서 낙방했을 뿐 아니라 선종(宣宗)과 재상 영호도(令狐绹)를 거스르는 언사로 인해 장기간 핍박을 받으며 곳곳을 떠돌아다님. 이 시는 그가 리저우(利州, 지금의 쓰촨 광위안广元)에서 자링강(嘉陵江)을 건너며 쓴 작품.

* * *

苏武庙

苏武魂销汉使前, 古祠高树两茫然。
云边雁断胡天月, 陇上羊归塞草烟。
回日楼台非甲帐, 去时冠剑是丁年。
茂陵不见封侯印, 空向秋波哭逝川。

소무(苏武) 사당에 들러

소무가 한나라 사신을 만나 졸도할 지경이었는데
  옛 사당의 높은 나무는 그때나 지금이나 무심함 여전하구나.
기러기도 날지 않는, 구름 너머 오랑캐 하늘에 달이 뜨고
  황량한 구릉에서 양을 치다 돌아오면 들판을 뒤덮는 저녁 안개.
관복 입고 칼을 찬 채 한창나이에 떠났건만

돌아와 보니 누각은 여전한데 갑장(甲帳)[1]은 간데없네.
무릉(茂陵)은 제후로 봉해진 모습을 보지 못하니[2]
가을 하천을 보며 흘러가 돌아오지 않음을 울며 탄식하였네.

1) 한 무제가 유리, 옥구슬, 야광주 등 진귀한 보석으로 장식한 휘장을 갑장이라 하고 그다음을 을장(乙帳)이라고 함. 갑장에는 신을 모시고 을장에 자신이 거하였음.
2) 무릉은 한 무제의 묘. 소무는 귀국 후 선제(宣帝)에게 식읍 삼백 호를 하사받음.

▶ 기원전 100년(한 무제 천한 원년) 소무는 흉노에 사신으로 갔다가 억류됨. 흉노는 여러 차례 그에게 투항을 강요하였으나 꿋꿋이 절개를 지킴. 이후 베이하이(北海)로 추방되어 양을 기름. 한 소제(汉昭帝)가 등극한 후 흉노와 화친하고 사신을 보냄. 사신이 흉노에 도착하여 소무가 아직 살아 있음을 듣고 "한나라의 황제가 상림원(上林苑)에서 사냥한 기러기의 발에서 소무가 쓴 편지를 발견하여 아직 그가 흉노에 억류되어 있음을 알고 있다."라고 공갈을 쳐서 기원전 81년(한 소제 시원 6년) 함께 귀국. 이 시는 온정균이 소무 사당을 참배하고 그를 추모하며 씀.

설봉(薛逢 : 생몰연대 미상)

자는 도신(陶臣)이며 푸저우 허둥(蒲洲河东, 지금의 산시 융지현山西永济县) 출신. 시어사(侍御史), 상서랑(尚书郎)을 역임. 자신의 재능을 믿고 안하무인으로 직설적이고 격렬한 언행을 일삼아 권력층의 미움을 사게 되어 관도가 순탄하지 못하게 됨.

宫词

十二楼中尽晓妆, 望仙楼上望君王。
锁衔金兽连环冷, 水滴铜龙昼漏长。
云髻罢梳还对镜, 罗衣欲换更添香。
遥窥正殿帘开处, 袍袴宫人扫御床。

궁중 생활

십이루(十二楼)의 궁녀들 새벽부터 화장에 몰두하며
망선루(望仙楼)에서 천자가 오는 요행을 소망하네.
차디찬 금색 짐승 모양 문고리
물시계 용머리 꼭지의 물방울 소리, 낮은 왜 이리 더디 가나.
얹은머리 빗질은 끝났건만 또다시 거울을 대하며

갈아입은 비단옷에 꽃향내를 더하는구나.
저녁 무렵 멀리 정전(正殿)의 커튼을 젖힌 방에
두루마리 바지 차림 궁녀가 폐하의 침대를 정리하네.

▶ 무종 회창(武宗会昌, 841~846년) 연간에 쓴 시. 841년 작자는 진사 급제한 뒤 재상 최현(崔铉)의 도움으로 지방에서 서울로 전배되고 이 기간 중 궁정 인사와 접촉하며 궁중 생활을 이해하게 됨.

진도옥(秦韜玉 : 생몰연대 미상)

자는 중명(中明 또는 仲明), 징자오(京兆, 지금의 산시 시안陝西西安) 사람. 어릴 때부터 문재가 뛰어났으나 과거에는 수차례 낙방하고, 환관 전령자(田令孜)의 도움으로 공부시랑(工部侍郎) 등을 지냄. 황소(黃巢)가 난을 일으켜 장안을 점령하자 희종(僖宗)을 따라 촉으로 피신.

贫女

蓬门未识绮罗香, 拟托良媒益自伤。
谁爱风流高格调, 共怜时世俭梳妆。
敢将十指夸针巧, 不把双眉斗画长。
苦恨年年压金线, 为他人作嫁衣裳。

극빈 처녀

쓰러져가는 오두막집, 비단옷은 언감생심
중매쟁이에게 부탁해보려 하나 상처만 더할 뿐.
고결한 성품과 정조를 사랑하는 이 어디 있나
모두 유행 따라 망측한 화장만 좋아하는 세상인 걸.
열 손가락 바느질 솜씨 섬세하기 비할 바 없고

아름다움 다투느라 매일같이 눈썹 그리지 않는다네.
슬프고 괴롭구나, 해마다 금실 들고 자수 놓음이
부잣집 처녀들 결혼 예복 만들기 위함이니.

▶ 극도로 가난한 소녀의 비참한 처지와 고충을 묘사한 시. 시인은 소녀의 내면적 고통과 고결한 성품을 드러냄으로써 그녀에 대한 동정심을 나타내는 동시에 사회적 모순에 대한 불만을 토로함.

칠률악부(七律乐府)

심전기(沈佺期 : 약 656~715年)

古意呈补阙乔知之

卢家少妇郁金堂, 海燕双栖玳瑁梁。
九月寒砧催木叶, 十年征戍忆辽阳。
白狼河北音书断, 丹凤城南秋夜长。
谁为含愁独不见, 更教明月照流黄?

보궐(补阙) 교지지(乔知之)에게 드림

튤립 향료 바른 노(卢)씨 댁 어린 부인[1]의 규방
거북이 등 장식한 대들보에 한 쌍 바다제비가 깃들었네.
구월의 다듬이 소리 떨어지는 나뭇잎을 재촉하고
랴오양(辽阳)에 출정한 사내를 기다린 지 어느새 십 년.
바이랑하(白浪河)[2] 북쪽으로 소식은 불통이라
단봉성(丹凤城)[3] 남쪽 여인에게 가을밤이 너무 길어
그녀의 슬픔과 외로움을 누가 알아주랴
둥근 달만이 휘장에 밝은 빛을 뿌려주는구나.

1) 양 무제 소연(梁武帝萧衍)의 시 '하중지수가(河中之水歌)'에 나오는 막추(莫愁). 열다섯 살에 노씨 집안으로 시집을 갔으며 이후 어린 부인을 통칭하는 말이 됨.

2) 랴오닝성(辽宁省) 경내의 다링허(大凌河)를 말함.
3) 진 목공(秦穆公)의 딸 농옥(弄玉)이 퉁소를 불자 봉황이 날아왔다는 전설에서 셴양(咸阳)을 단봉성이라 불렀고 서울을 가리키는 말이 됨. 당나라 때 장안의 북쪽에 궁전이 있었고 성 남쪽에 거주지가 있었음.

▶ 교지지(乔知之)는 무후(武后) 때 좌보궐(左补阙)을 지냈던 문인. 686년 유경(刘敬) 장군과 함께 북방 정벌에 나섰다 4년 뒤 돌아옴. 교지지는 남녀 간의 사랑이나 여인의 한을 소재로 시를 쓰는 것을 좋아한 데다 북방 정벌을 위해 출정하게 되었으므로 심전기가 시를 써서 송별한 것으로 추정됨. 이 시는 이후 당나라의 율시, 특히 변경시(边塞诗)에 큰 영향을 미침.

칠언절구(七言絶句)

칠절(七絶)이라고도 하며 사구(四句)로 이루어지며 매 구는 칠언(七言)으로 되어 있음. 남북조(南北朝)의 악부 또는 서진(西晉)의 민요가 기원이라고 하며 당나라 때 정형화되고 크게 발전함. 왕창령(王昌齡), 이백, 두보 등의 시가 유명함.

하지장(賀知章 : 659~744年)

자는 계진(季真), 웨저우 융싱(越州永兴, 지금의 저장성 항저우시 샤오산구萧山区) 사람. 695년(무측천 정성 원년)에 진사 급제하여 국자사문박사(国子四门博士)가 됨. 이후 예부시랑(礼部侍郎)등을 역임. 사람됨이 활달하고 거짓이 없어 청담풍류(清谈风流)라고 불렸으며 서예에 뛰어나 오중사사(吴中四士)의 한 명으로 꼽힘. 20수의 시가 남아 있는데 풍경에 대한 것이 많고 참신하고 통속적임.

回乡偶书 其一

少小离家老大回, 乡音无改鬓毛衰。
儿童相见不相识, 笑问客从何处来。

고향에 돌아와 긁적거리다 제1수

젊어서 고향을 떠나 늙어서 돌아와 보니
억양은 그대로인데 귀밑머리는 몇 남지 않았네.
길에서 만난 아이들 중 아는 놈 하나 없어
"손님은 어디서 오셨어요?"라고 웃으며 묻는구나.

***

回乡偶书 其二

离별家乡岁月多, 近来人事半消磨。
惟有门前镜湖水, 春风不改旧时波。

고향에 돌아와 긁적거리다 제2수

고향을 떠나서 보낸 기나긴 세월
돌아와 보니 절반은 가고 없네.
오직 문 앞의 호수 물은
봄바람에 이는 파도가 예와 다름이 없네.

▶ 744년(현종 천보 3년) 하지장이 관직을 떠나 고향으로 돌아갔을 때 그의 나이가 86세였음. 그는 50여 년 만에 고향으로 돌아와 쉽게 늙어 버리는 인생과 파란만장한 세상사에 감회가 새로워져 이 연작시를 씀.

장욱(张旭 : 약 685~759年)

자는 백고(伯高)이며 우쥔(吴郡, 지금의 쑤저우) 사람. 해서(楷书)와 초서(草书)에 뛰어난 명필이며, 만취하여 고성방가 뒤 글을 쓰는 버릇이 있어 장전(张颠)이라는 별명을 얻음. 풍경시 여섯 수가 전함.

桃花溪

隐隐飞桥隔野烟, 石矶西畔问渔船。
桃花尽日随流水, 洞在清溪何处边?

복숭아꽃 계곡

계곡 높이 걸린 다리 너머로 안개 자욱한 들판
바위 서쪽 모서리에서 고기잡이배에게 물었네.
"하루 종일 복숭아꽃이 동동 떠내려오는데
도원 동굴은 푸른 계곡 어느 편에 있는 거요?"

▶ 복숭아꽃 만발한 계곡의 아름다움과 작가와 어부의 대화를 통해 이상 세계를 향한 동경을 묘사한 시. 후난의 타오화현 타오위안산(湖南桃源县桃源山)에 타오화시(桃花溪)가 있으며 도연명이 이

곳을 배경으로 도화원기(桃花源记)를 썼다고 하나, 장욱은 이 시에서 지역이 아닌 도화원기의 정취를 인용하여 노래하였음.

왕유(王维 : 701~761年)

九月九日忆山东兄弟

独在异乡为异客, 每逢佳节倍思亲。
遥知兄弟登高处, 遍插茱萸少一人。

구월 구일 산동(山东)의 형제를 그리워하다

홀로 타향에서 낯선 손님이 되어
명절만 되면 가족 생각 간절해지네.
형제들은 높은 곳에 올라 산수유 가지 꽂으면서
한 사람 부족한 것을 못내 아쉬워하겠지.

▶ 왕유가 17세에 쓴 시. 당시 그는 뤄양과 장안의 중간 지역에 혼자 지내고 있었음. 그는 푸저우(蒲州, 지금의 산시 융지山西永济) 사람인데 푸저우는 화산(华山)의 동쪽에 있어 자신의 형제들을 산동(山东)의 형제라고 부름. 9월 9일은 중양절(重阳节)로 옛날 중국인들은 이날 높은 곳에 올라가 산수유 가지를 머리에 꽂으면 재앙을 피할 수 있다고 믿었음.

왕창령(王昌齡 : 698~757年)

芙蓉楼送辛渐 其一

寒雨连江夜入吴, 平明送客楚山孤。
洛阳亲友如相问, 一片冰心在玉壶。

부용루(芙蓉楼)에서 신점(辛渐)을 보내며 제1수

오 땅(吴地)[1]에 도착한 밤, 차가운 가을비가 강 위를 뒤덮었네.
날이 밝아 친구를 보내니 초산(楚山)[2] 그림자만 남았네.
"뤄양에 도착하여 친구들이 내 안부를 물어보면
옥 항아리에 담긴 한 조각 얼음[3]이라 전해주게."

1) 장쑤 남부, 저장 북부 지역을 지칭. 이 일대가 삼국시대 오나라의 땅이었음.
2) 전장시(镇江市) 일대의 산. 초나라와 오나라가 번갈아 이 지역을 통치하여 오 땅과 초산으로 통칭.
3) 도교에서 자연 무위의 마음가짐을 표현하는 말.

* * *

芙蓉楼送辛渐 其二

丹阳城南秋海阴, 丹阳城北楚云深。
高楼送客不能醉, 寂寂寒江明月心。

부용루(芙蓉楼)**에서 신점**(辛渐)**을 보내며** 제2수

단양성(丹阳城) 남쪽으로 가을 바다에 자욱한 물안개
북쪽을 보니 초(楚)의 하늘에 잔뜩 찌푸린 구름.
높은 누각에서 여는 송별회, 마셔도 취하지 못하니
고요한 밤, 차가운 강물에 비치는 밝은 달이 내 심정일세.

▶ 742년(천보 원년) 왕창령이 장닝(江宁, 지금의 난징) 현승(县丞)으로 발령받아 갈 때 쓴 시. 왕창령은 727년(개원 15년) 진사에 급제하고 739년 멀리 링난(岭南, 지금의 광둥성)으로 유배됨. 이듬해 북으로 돌아오지만 원래의 직책은 회복하지 못함. 신점(辛渐)은 왕창령의 친구로 이즈음 룬저우(润州, 지금의 전장镇江)에서 강을 건너 양저우를 거쳐 뤄양으로 가는 길이었는데 왕창령이 장닝에서 룬저우까지 따라와서 배웅함. 부용루는 룬저우 서북쪽에 있는 누각으로 여기에 오르면 창강을 굽어보면서 강북 일대를 조망할 수 있음.

* * *

闺怨

闺中少妇不知愁，春日凝妆上翠楼。
忽见陌头杨柳色，悔教夫婿觅封侯。

철없는 신부

규방에 있는 어린 신부는 아직 근심 걱정을 몰라
화창한 봄날 정성스레 화장하고 누각에 올랐었네.
길가 버드나무를 보던 중 문득 마음이 아파오니
괜히 종군해서 출세하라고 남편을 부추겼구나.

▶ 당나라의 국력이 왕성할 때 남자들이 변방으로 원정 가서 공을 세워 입신양명하는 것이 중요한 출세 경로였음. 왕창령의 이 시는 어린 신부의 이러한 환상과 그 이후의 심리적 변화를 잘 묘사하고 있음.

* * *

春宫曲

昨夜风开露井桃，未央前殿月轮高。
平阳歌舞新承宠，帘外春寒赐锦袍。

봄날 궁전

어젯밤 봄바람에 우물가 복숭아꽃이 벌어지고
미앙궁(未央宮) 앞 하늘 높이 둥근달이 걸렸었네.
평양공주(平阳公主) 집 가수가 새로 총애를 받아
휘장 밖 봄추위에 비단 두루마기를 하사받았네.

▶ 천보(天宝, 742~756년) 연간에 현종은 양옥환에게 빠져 황음무도하게 됨. 왕창령은 위자부(卫子夫)에 양옥환을 빗대어 현종의 방탕한 생활을 풍자함. 위자부는 원래 평양공주(平阳公主)의 집에서 노래하던 여자였는데 한 무제의 눈에 띄어 궁으로 들어가 총애를 받게 되고 결국 황후 진아교(陈阿娇)를 쫓아내고 황후가 됨.

왕한(王翰 : 687~726年)

자는 자우(子羽), 진양(晋阳, 지금의 산시 타이위안山西太原) 사람. 710년(예종 경운 원년)에 진사 급제, 현종 때 다오저우 사마(道州司马)로 좌천되어 그곳에서 사망. 성격이 호방하고 음주 가무를 즐겼으며 주로 전쟁터와 아름다운 여인, 술자리 모습 등을 소재로 시를 씀. 전당시(全唐诗)에 시 한 권, 총 14수가 실려 있음.

凉州曲 其一

葡萄美酒夜光杯, 欲饮琵琶马上催。
醉卧沙场君莫笑, 古来征战几人回。

량저우곡(凉州曲) 제1수

반짝이는 야광 잔에 맛있는 포도주가 가득하고
말 위의 비파 소리는[1] 술 마시는 것을 재촉하네.
술 취하여 싸움터에 눕는 것을 비웃지 말게나
예부터 전쟁에 나가 돌아온 사람이 몇이나 되는가?

1) 서역인들은 비파를 말 위에서 연주하며 흥을 돋우었음.

***

凉州曲 其二

秦中花鸟已应阑, 塞外风沙犹自寒。
夜听胡笳折杨柳, 教人意气忆长安。

량저우곡(凉州曲) 제2수

친중(秦中)[1] 땅, 꽃이 지고 새도 둥지를 떠났을 텐데
모래바람 가득한 변방은 추위가 그대로이네.
한밤중에 들려오는 절양류(折杨柳)[2] 후자(胡笳)[3] 소리
장졸들 고향 생각으로 마음이 간절해진다.

1) 지금의 산시(陝西) 중부 평원지대.
2) 악부의 시가로 횡취곡(橫吹曲)에 속함. 봄 경치와 이별의 아픔을 노래한 것이 많음.
3) 고대 중국의 북방 변경과 서역에서 유행하던 피리 비슷한 악기로 애절한 음색을 갖고 있음.

▶ 이 시의 창작 시기는 알려진 바가 없음. 량저우곡은 악부의 가사이며 량저우(지금의 간쑤성 허시河西와 룽유陇右 일대) 지방에서 부르던 노랫가락을 지칭.

이백(李白 : 701~762年)

黄鹤楼送孟浩然之广陵

故人西辞黄鹤楼, 烟花三月下扬州。
孤帆远影碧空尽, 唯见长江天际流。

황학루에서 광링 가는 맹호연을 전송하다

황학루를 작별하고 동으로 떠나는 친구
안개 자욱하고 꽃 만발한 삼월, 양저우로 향하였네.
외로운 돛단배는 푸른 하늘 닿는 곳으로 사라지는데
오직 창강 물만 아득한 하늘가로 흘러가고 있구나.

▶ 727년(개원 15년) 이백이 27세 때 동쪽 지방 유람에서 돌아와 후베이의 안루(安陆)에 도착함. 안루에 10년간 머무르며 많은 술친구를 사귀었는데 맹호연은 그중 한 사람. 맹호연은 이백보다 열두 살 위였는데 이백의 재능을 극찬함. 730년 3월 맹호연이 광링(장쑤 양저우)으로 떠날 때 장샤(江夏, 지금의 우한시 우창구武昌区)에서 전송하며 이 시를 씀.

황학루는 우창구 서산(蛇山)의 황후지(黄鹄矶)에 있는 누각으로 전설에 따르면 삼국시대 때 비의(费祎)가 황학을 타고 가는 신선을 보았다고 함. 이백은 황학루를 인용하여 맹호연이 신선같이 떠나감을 비유.

早发白帝城

朝辞白帝彩云间, 千里江陵一日还。
两岸猿声啼不住, 轻舟已过万重山。

새벽녘 백제성(白帝城)[1]을 출발하다

이른 새벽 꽃구름 속 백제성을 작별하고
머나먼 천릿길 장링(江陵)[2]도 하루면 돌아가리.
양안의 원숭이들 쉬지 않고 울부짖던 중
어느새 작은 배는 일만 봉우리 험준한 계곡을 벗어났네.

1) 지금의 충칭 펑제 바이디산(重庆奉节白帝山) 위에 세워진 성.
2) 지금의 후베이 징저우(荊州). 백제성에서 약 천이백 리 거리이며 칠백 리 삼샤(三峽)를 지나침.

▶ 758년(숙종 건원 원년) 이백은 영왕 이인(永王李璘)의 진영에 참여한 죄로 야랑(夜郞)으로 유배됨. 익년 3월 백제성에 도착했을 때 예기치 않게 사면의 소식을 듣고 서둘러서 장링으로 돌아가며 놀라움과 기쁨을 주체하지 못하여 이 시를 씀.

잠삼(岑参 : 715~770年)

逢入京使

故园东望路漫漫, 双袖龙钟泪不干。
马上相逢无纸笔, 凭君传语报平安。

장안 가는 사신을 만나다

동쪽으로 고향 집을 바라보며 먼 길을 가던 중
양 소매가 눈물에 젖어 마르지를 않는구나.
말을 재촉하여 가다가 만난 친구, 붓도 종이도 없으니
부탁건대 가족들에게 잘 있더라는 말만 좀 전해주게.

▶ 749년(천보 8년) 잠삼(岑参)은 34세의 나이로 안시 절도사(安西节度使) 고선지(高仙芝)의 서기로 부름을 받아 안시(지금의 신장 위구르 자치구 쿠처현库车县)에 부임하게 됨. 장안에서 가족들과 작별하고 안시로 가던 도중 뜻밖에 보고를 위해 장안으로 돌아가는 지인을 만나 이 시를 씀.

두보(杜甫 : 712~770年)

江南逢李龜年

岐王宅里尋常見, 崔九堂前幾度聞。
正是江南好風景, 落花時節又逢君。

강남(江南)에서 이구년(李龜年)을 만나다

우리 기왕(岐王)[1]의 집에서 항상 만났었고
최구(崔九)[2]의 집에서도 그대 노래를 여러 번 들었습니다.
마침 강남이 한창 아름다운 시절이라
꽃잎 떨어지는 때에 이렇게 만나게 되었구려.

1) 현종 이융기(李隆基)의 동생으로 본명은 이융범(李隆范). 학문을 좋아하고 음악에 조예가 깊었음.
2) 최적(崔滌)을 가리키며 형제 중 아홉 번째. 현종의 총애를 받아 전중감(殿中監)을 지냄.

▶ 770년(대종 대력 5년) 두보가 탄저우(潭州, 지금의 후난 창사 長沙)에서 쓴 시. 두보는 젊었을 때 재능이 특출하여 수시로 기왕 이융범(岐王李隆范)과 중서감 최적(中書監崔滌)의 집을 드나들며 궁정 악사 이구년의 노래를 들을 수 있었음. 안사의 난 이후 두보는 강

남 일대를 전전하다 769년 3월 웨양(岳阳)을 떠나 탄저우로 감. 이듬해 봄에 이구년을 우연히 만나 감개무량하여 이 시를 씀. 이구년은 현종 때 뛰어난 노래 실력으로 현종과 고관대작들의 인기를 한 몸에 누렸으나 안사의 난 이후에는 강남과 탄저우 일대를 떠돌며 사람들에게 노래를 불러주며 생계를 유지하게 됨. 여기의 강남은 장쑤, 저장 일대가 아닌 후난성 지역을 이름.

위응물(韦应物 : 737~792年)

滁州西涧

独怜幽草涧边生, 上有黄鹂深树鸣。
春潮带雨晚来急, 野渡无人舟自横。

추저우(滁州) 서쪽 계곡

한적한 계곡, 울창한 수풀이 너무 좋구나
머리 위로 깊은 숲 꾀꼬리 우는 소리 들려오네.
밤중에 내린 비는 봄날 흐르는 물살을 재촉하고
황량한 나루터, 텅 빈 배는 저 홀로 떠다니고 있네.

▶ 이 시는 781년(덕종 건중 2년) 위응물(韦应物)이 추저우 자사로 있을 때 씀. 그는 수시로 교외를 산책하곤 했는데 특별히 서쪽의 상마허(上马河)라는 계곡을 좋아했음.

장계(张继 : 약 715~779年)

자는 의손(懿孙), 샹양(襄阳, 지금의 후베이) 사람. 현종 때 군사 막료와 염철판관(盐铁判官)을 지냈으며 대종(代宗) 때 검교사부랑중(检校祠部郎中)을 역임함. 글만 잘 쓴 것이 아니라 인품이 훌륭하여 많은 존경을 받음. 그의 시는 후세에 많은 영향을 끼쳤으나 남아 전하는 것은 50수가 안 되며 장사부 시집(张祠部诗集)이 있음.

枫桥夜泊

月落乌啼霜满天, 江枫渔火对愁眠。
姑苏城外寒山寺, 夜半钟声到客船。

한밤중 풍교(枫桥)에 배를 대고

달은 지고 까마귀 우는 밤, 서리는 온 하늘을 덮었네.
강변의 단풍과 어화(渔火), 시름을 더해 잠 못 이루네.
구쑤성(姑苏城)[1] 밖 옛 절 한산사(寒山寺)[2]에서
심야의 종 치는 소리, 나그네 실은 뱃전에 들려오네.

1) 쑤저우의 별칭. 성 서남쪽에 구쑤산(姑苏山)이 있어 붙은 이름.
2) 남조 양(梁)나라 때 세운 절. 당나라 때 시승 한산(寒山)이 이 절에

머무른 다음 한산사로 불림. 쑤저우시 서쪽 펑차오진(枫桥镇)에 소재. 장계가 그 소리를 듣고 깊은 감상에 빠졌던 원래의 종은 2차 대전 때 일본인들이 일본으로 반출하려다 바다에 빠뜨려 분실되고 지금의 종은 그 후 새로 만든 것임.

▶ 장계는 753년(천보 12년)에 벼슬길에 나섰으나 755년 발생한 안사의 난으로 비교적 정국이 안정되어 있는 쑤저우로 피난을 감. 어느 가을밤 쑤저우성 밖에 있는 풍교의 배에서 강남수향(江南水乡)의 그윽한 정취에 빠져 이 시를 씀. 풍교는 쑤저우시 후추구(虎丘区) 펑차오가도(枫桥街道) 창문(阊门) 바깥에 있음.

한홍(韓翃 : 생몰연대 미상)

寒食

春城无处不飞花, 寒食东风御柳斜。
日暮汉宫传蜡烛, 轻烟散入五侯家。

한식

봄이 온 장안성에 꽃잎 날리지 않는 곳이 없고
한식날 동풍은 궁전 뜰 버들가지를 살랑거리네.
날이 저물어 궁전에선 촛불 전하느라 분주하고[1]
아스라한 연기가 오후(五侯)[2]의 집으로 스며드네.

1) 한식절 동안 황제가 총애하는 신하들에게 특별히 촛불을 하사하였음.
2) 한 성제(汉成帝) 때 왕(王) 황후의 오 형제(왕담王譚, 왕상王商, 왕립王立, 왕근王根, 왕봉시王逢時)를 제후로 봉하였음. 여기서는 황제의 총애하는 측근을 의미.

▶ 동지 후 105일 되는 날, 청명절 전 이틀간이 한식으로 이 동안은 불 피우는 것을 금하고 미리 만들어놓은 음식만 먹을 수 있게 했음. 당나라 때는 청명절에 황제가 조칙을 내려 느릅나무 불을 신하들

에게 내렸는데 이는 두 가지 의미가 있었음. 첫째는 한식이 끝났으니 불을 사용해도 된다는 것을 선포하는 것이고, 둘째는 신하들에게 공을 세우고도 녹을 받지 않은 개자추(介子推)를 배워 백성들을 위한 정치에 전념하라는 것임.

당나라 중기 이후에는 아둔한 군주들이 환관을 총애하여 조정이 혼탁해지고 능력 있는 신하들이 배척받게 됨. 한홍(韩翃)은 이런 배경에서 이 시를 씀.

유방평(刘方平 : 생몰연대 미상)

 허난 뤄양 사람. 현종 천보 초기에 진사 시험에 응시하였으나 낙방하자 잉수이(潁水)와 루허(汝河) 강변에 은거하며 평생 관직에 나가지 않음. 시와 산수화에 능하였으며 규방, 향수 등을 소재로 쓴 시가 많음.

月夜

更深月色半人家, 北斗阑干南斗斜。
今夜偏知春气暖, 虫声新透绿窗纱。

달밤

깊은 밤 달빛이 집의 절반을 비출 때
북두성은 난간에 걸리고 남두성도 기울었네.
오늘 밤 문득 따스한 봄기운을 느꼈으니
맑은 벌레 소리 처음으로 녹색 창망을 넘어오네.

* * *

春怨

纱窗日落渐黄昏, 金屋无人见泪痕。
寂寞空庭春欲晚, 梨花满地不开门。

봄날의 원망

창문 밖으로 해 떨어지고 차츰 황혼이 질 때
금옥(金屋)[1]에는 눈물 자국 보아줄 사람 하나 없네.
적막한 정원에 봄이 다시 찾아와
온 땅이 배꽃이건만, 궁전 문은 굳게 닫혀만 있네.

1) 한 무제가 어릴 때 장공주(长公主, 무제의 고모)에게 "아교(阿娇, 장공주의 딸. 진황후陈皇后의 어릴 때 이름)와 결혼하면 금옥을 지어 머물게 하겠다."라고 한 이후 비빈들이 거주하는 화려한 궁실을 의미하게 됨.

유중용(柳中庸 : ?~약775年)

자가 중용(中庸)이고 본명은 명담(名淡). 허둥(河东, 지금의 산시 융지山西永济) 사람. 대종 대력(代宗大历, 766~779) 연간에 벼슬을 시작하여 홍부호조(洪府户曹)에 임명됨. 이단(李端)의 시 친구이며 전당시(全唐诗)에 13수의 시가 전함.

征怨

岁岁金河复玉关, 朝朝马策与刀环。
三春白雪归青冢, 万里黄河绕黑山。

고달픈 원정 생활

한해 또 한해 진허(金河)¹⁾와 위관(玉关)²⁾을 오가며
아침저녁으로 말을 달리고 칼을 휘두르네.
늦은 봄 왕소군의 푸른 무덤(青冢)³⁾엔 백설이 내리고
일만 리 황하는 헤이산(黑山)⁴⁾을 휘감고 흐른다.

1) 헤이허(黑河)를 말하며 지금의 내몽골 자치구 후허하오터시(呼和浩特市) 남쪽에 있음.

2) 간쑤성의 위먼관(玉门关)
3) 왕소군(王昭君)의 무덤. 후허하오터시의 남쪽에 있으며 이 지역의 풀은 모두 흰색인데 왕소군의 무덤에만 푸른 풀이 자랐다고 하여 청총(青冢)이라는 이름이 붙음.
4) 샤후산(杀虎山)이라고도 하며 후허하오터시 동남쪽에 있음.

▶ 대종 대력 연간에는 투루판과 위구르의 변경 침략이 빈번해져 변방을 지키는 병사들이 장기간 집에 돌아가지 못하게 됨.

고황(顾况 : 727~815?年)

자는 포옹(逋翁)이며 쑤저우 사람. 757년(숙종 지덕 2년)에 관직을 시작하여 덕종(德宗) 때 비서랑(秘书郎)이 됨. 이필(李泌)이 재상일 때 저작랑(著作郎)이 되었으나 이필이 죽자 고황은 '해구영(海鸥咏)'이라는 시에서 권력층을 조소한 것이 문제가 되어 라오저우 사호참군(饶州司户参军)으로 좌천됨. 만년에 마오산(茅山)에 숨어 지냄. 원결(元结)과 함께 백성들의 질고를 소재로 풍자 및 비판적인 시를 많이 씀.

宫词

玉楼天半起笙歌, 风送宫嫔笑语和。
月殿影开闻夜漏, 水晶帘卷近秋河。

궁전 생활

하늘 높이 솟은 옥루에서 생황 타며 노래 부르니
비빈들 웃고 떠드는 소리가 바람을 타고 들려오네.
달빛 따라 궁전 그림자 사라지면 들리는 건 물시계 소리뿐
수정 주렴을 걷어 올리니 가을 하늘 은하수가 지척일세.

▶ 성당(盛唐) 때에는 나라가 안정되며 경제가 발전함에 따라 통치 계급의 사치와 타락이 심해짐. 826년(경종 보력 2년) 비서성 교수랑(秘书省校书郎)이 된 고황이 이런 사회적 현상을 배경으로 이 시를 씀.

이익(李益 : 748~829年)

夜上受降城闻笛

回乐烽前沙似雪, 受降城外月如霜。
不知何处吹芦管, 一夜征人尽望乡。

한밤중 수항성(受降城)[1]에 들리는 피리 소리

후이러봉(回乐烽)[2] 앞 사막은 눈 내린 것 같고,
수항성 바깥 달빛은 가을 서리 같구나.
처량한 피리 소리는 어디서 들려오는 건가
장졸들 밤새도록 고향 생각 간절하게 하는구나.

1) 당나라 초기의 명장 장인원(张仁愿)이 돌궐을 방어하기 위해 황하 이북 내몽골 자치구에 세운 성.
2) 후이러현 부근의 봉화대. 후이러현은 지금의 닝샤(宁夏) 회족 자치구 링우현(灵武县) 서남쪽에 있던 마을.

유우석(刘禹锡 : 772~842年)

乌衣巷

朱雀桥边野草花, 乌衣巷口夕阳斜。
旧时王谢堂前燕, 飞入寻常百姓家。

우이(乌衣) 거리

주작교(朱雀桥) 근처엔 들풀과 들꽃만 무성하고
허물어진 우이 거리를 지는 해가 비치고 있네.
옛적 왕사(王谢)[1] 저택에 둥지를 틀었던 제비가
오늘은 허름한 백성의 집으로 날아들고 있구나.

1) 개국공신 왕도(王导)와 페이수이 전역(淝水之战)을 지휘한 사안(谢安)을 지칭. 전진(前秦)의 부견(苻堅)이 중국을 통일하려고 남침을 하였으나 페이수이에서 대패하고 중국은 전진과 동진 두 나라로 고착화됨.

▶ 826년(경종 보력 2년) 유우석(刘禹锡)은 허저우(和州, 지금의 안후이성 허현和县) 자사를 지내고 뤄양으로 돌아오던 중, 진링(金陵, 지금의 난징)에 들러 이 시를 씀. 우이샹(乌衣巷)은 진링성내 친화이허(秦淮河) 남쪽 주작교(朱雀桥) 인근의 길 이름. 삼국시대 오나

라가 군영을 여기 설치하고 금군(禁军)을 주둔시켰는데 당시 금군은 검은색 군복을 착용하였기 때문에 우이샹이라고 부르게 됨. 동진(东晋) 때에는 왕도와 사안 양대 가문이 모두 우이샹에 살 정도로 번화한 거리였으나 당나라에 들어와서는 황폐해져 폐허로 변함.

* * *

和乐天春词

新妆宜面下朱楼, 深锁春光一院愁。
行到中庭数花朵, 蜻蜓飞上玉搔头。

화창한 봄날

정성을 다해 화장하고 붉은 누각에서 내려오니
규방 깊숙이 갇힌 신세, 봄 햇살이 서러워라.
정원에서 새로 핀 꽃송이를 살펴보고 있자니
잠자리 한 마리 옥비녀 위로 날아와 앉는구나.

▶ 친구 백거이의 '춘사(春词)'에 화답하여 쓴 시.

백거이(白居易 : 772~846年)

后宫词

泪湿罗巾梦不成, 夜深前殿按歌声。
红颜未老恩先断, 斜倚熏笼坐到明。

후궁

명주 손수건 눈물에 축축해져도 원하는 꿈은 꾸지 못하고
깊은 밤, 앞쪽 궁전에서 리듬에 맞춘 노랫소리 들려오네.
아직도 꽃같이 발그레한 얼굴, 은총은 이미 끊어졌건만
향로 덮개에 기대어 앉아 날이 새도록 기다렸다네.

▶ 오직 군왕이 한번 들러주기만 하염없이 기다리는 궁녀들의 애환을 노래한 시

장호(张祜 : 785?~849年)

赠内人

禁门宫树月痕过, 媚眼惟看宿鹭窠。
斜拔玉钗灯影畔, 剔开红焰救飞蛾。

내인(内人)에게 바침

달빛이 궁문을 지나 나뭇가지에 흔적을 남길 때
예쁜 눈동자는 해오라기 깃든 둥지만 바라보네.
등잔불 옆에서 조심스레 옥비녀를 빼어 들곤
불꽃 심지를 비벼 날아드는 나방을 구하는구나.

▶ 당나라 때 의춘원(宜春院)에 선발된 가무 전문 궁녀를 내인이라 불렀음. 그들은 한번 궁의 내원으로 들어가면 외부 세계와 단절되어 인생의 자유와 행복을 박탈당하였음.

* * *

集灵台 其一

日光斜照集灵台, 红树花迎晓露开。

昨夜上皇新授籙, 太真含笑入帘来。

집령대(集灵台) 제1수

햇살이 집령대를 비스듬히 비추면
새벽이슬에 젖은 녹수홍화(绿树红花) 만개하네.
어젯밤 황제께서 도록(道箓)[1]을 수여하니
여도사 태진(太真)이 웃음을 머금고 휘장 안으로 들어오네.

1) 도교의 경문.

* * *

集灵台 其二

虢国夫人承主恩, 平明骑马入宫门。
却嫌脂粉污颜色, 淡扫蛾眉朝至尊。

집령대(集灵台) 제2수

괵국부인(虢国夫人)이 황제의 은총을 받아
날이 밝으면 말을 타고 궁문을 들어오네.

화장이 원래의 미모 가리는 것을 싫어하여
아침마다 눈썹만 엷게 칠하고 지존(至尊)을 뵙는구나.

▶ 양옥환(杨玉环) 자매가 현종의 총애를 독차지하게 된 것을 풍자함. 구당서 양귀비전(旧唐书 杨贵妃传)에 의하면 "태진은 세 언니가 있었는데 모두 용모가 출중하였으며 황제의 은총을 받아 한국부인(韩国夫人), 괵국(虢国), 진국(秦国)에 봉해져 궁전을 자유롭게 출입하였는데 그 위세가 천하를 기울게 할 정도였다."라고 함.

양옥환은 원래 현종의 열여덟 번째 아들인 이모(李瑁)의 비(妃)였으나, 현종이 궁으로 불러들여 집령대의 여관(女官, 도교의 여사제)으로 삼고 호를 태진(太真)이라 하였다가 이후 귀비에 봉함. 집령대(集灵台)는 장생전(长生殿)이라고도 하며 화청궁(华清宫)에 있던 제사를 지내던 장소였음.

또한 송악사(宋乐史)의 양태진 외전(杨太真外传)에서는 "괵국부인은 스스로의 미모를 뽐내기 위해 화장을 하지 않고 민얼굴로 아침마다 황제를 만났다."라고 함. 현종은 그녀에게 특권을 주어 언제든지 말을 타고 궁으로 들어올 수 있게 하였음.

* * *

题金陵渡

金陵津渡小山楼, 一宿行人自可愁。
潮落夜江斜月里, 两三星火是瓜洲。

진링(金陵) 나루터에서

진링 나루터 작은 산 위 누각에서의 하룻밤
나그네 서글픈 마음 가눌 길 없어 밤새 뒤척거리네.
기우는 달은 썰물 때 맞은 강을 비추는데
불빛 점점이 별처럼 반짝이는 곳이 과저우(瓜洲)[1]로구나.

1) 지금의 장쑤성 한장구(邗江区) 남부 지역으로 전장시와 창강을 사이에 두고 마주 보고 있음. 이전부터 창강 남북 수운의 요충지였음.

▶ 장호(张祜)가 진링 나루터에서 하룻밤을 묶으며 창강 맞은편 야경을 바라보며 쓴 시. 진링 나루터는 지금의 장쑤성 전장시(镇江市) 인근에 있었음.

주경여(朱庆馀 : 생몰연대 미상)

　이름은 가구(可久), 자가 경여(庆馀)이며 웨저우(越州, 지금의 저장성 사오싱绍兴) 사람. 826년(경종 보력 2년)에 벼슬을 시작하여 비서성 교수랑(秘书省校书郎)에 이름. 전당시(全唐诗)에 시 두 권이 있음.

宫中词

寂寂花时闭院门, 美人相并立琼轩。
含情欲说宫中事, 鹦鹉前头不敢言。

궁중 이야기

겹겹이 닫힌 대궐, 만발한 꽃들은 말이 없고
화려한 난간 앞에 두 미인이 나란히 서 있네.
서로 궁중 이야기 나누고 싶은 생각 간절하나
앵무새가 앞에 있어 감히 소리 내지 못한다네.

▶일반적인 궁원시(宫怨诗)에서는 한 사람의 궁녀가 겪는 극단적인 외로움을 소재로 하는 데 비해 이 시에서는 두 사람의 궁녀를 등장시켜 그녀들의 원망하는 마음을 완곡하면서도 실감 나게 묘사함.

***

近试上张籍水部

洞房昨夜停红烛, 待晓堂前拜舅姑。
妆罢低声问夫婿, 画眉深浅入时无?

과거에 임박하여 장적 수부(张籍水部)께 바치다

신방의 촛불은 지난밤 내내 환하게 타오르고
새벽 기다린 신부, 시부모께 인사드리려 하여
화장을 마치고 신랑에게 속삭이며 물었네.
"제 눈썹 칠한 것이 잘 어울리는 것 같나요?"

▶ 이 시는 경종 보력(敬宗宝历, 825~827년) 연간에 주경여가 진사 시험에 응시하기 전날 밤 씀. 당나라 때는 선비들이 과거에 응시하기 전에 유명 인사에게 자신의 시를 바치고 예부시랑(礼部侍郎, 과거를 주관)을 소개받는 것이 유행하였음. 주경여는 이 시를 당시 수부랑중(水部郎中)을 맡고 있던 장적에게 바침. 장적은 당시 문명을 날리고 있었으며 후진을 발탁하는 것을 낙으로 삼았음. 주경여는 평소 장적의 인정을 받고 있었으나 시험이 다가오자 자신의 작품이 과거 주관자의 요구에 부합하는지 걱정이 되어 이 시를 써 장적에게 보냄. 시에서 자신은 신부, 장적은 신랑, 과거 책임자는 시부모에 비유하여 장적의 의견을 물어봄.

두목(杜牧 : 803~853年)

将赴吴兴登乐游原

清时有味是无能, 闲爱孤云静爱僧。
欲把一麾江海去, 乐游原上望昭陵。

우싱(吴兴) 부임을 앞두고 낙유원(乐游原)[1]에 오르다

태평한 시절(清时)[2] 한가롭게 놀면서 하는 일도 없으니
느긋하게 구름에 취함이 고요함에 빠진 스님 같구나.
손에 지휘기를 들고 장하이(江海)[3]로 떠나고자 하여
낙유원에 올라 소릉(昭陵)[4]을 보며 시름이 깊어졌네.

1) 장안성 남쪽에 있는 고도가 높은 지역으로 당나라 때의 이름난 유원지.
2) 무종(武宗)과 선종(宣宗) 시기에는 격렬한 우이(牛李) 당쟁과 환관의 전횡, 번진할거와 소수 민족의 반란으로 혼란이 극심하였는데 이를 반어적으로 표현.
3) 우싱은 북으로는 타이후(太湖)와 창강, 동으로는 바다에 가까워 장하이(江海)라고도 하였음.
4) 태종 이세민(李世民)의 무덤. 사람을 적재적소에 사용하여 당나라의 전성기를 열었음. 나라가 쇠망해 가는 안타까운 현실과 자신의 무력함을 한탄함.

▶ 850년(선종 대중 4년) 두목이 장안을 떠나 우싱(지금의 저장성 후저우湖州) 자사로 부임할 때 쓴 시. 두목은 대대로 관리 집안이었음. 먼 조상 두예(杜预)는 서진(西晋)의 저명한 학자요 장군이었으며 증조인 두희망(杜希望)은 현종 때 변방의 명장으로 활약했고 조부 두우(杜佑)는 탁월한 정치가, 사학가로 덕종(德宗), 순종(順宗), 헌종(宪宗) 세 황제의 재상을 지냈으며 부친 두종욱(杜从郁)은 관직이 가부원외랑(驾部员外郎)에 이르렀으나 요절하였음. 두목 또한 문장력과 정치적 재능을 겸비하여 나라를 위하여 일하고자 열망하였으나 이부원외랑(吏部员外郎)의 한직에 머물러 할 수 있는 일이 별로 없었음. 그는 하는 일 없이 세월을 보내고 싶지 않아 지방 배치를 요청하여 승인받고 이 시를 쓰게 됨.

* * *

赤壁

折戟沉沙铁未销, 自将磨洗认前朝。
东风不与周郎便, 铜雀春深锁二乔。

적벽(赤壁)에서

녹슬지도 않은 채 모래에 묻힌 부러진 창 한 자루
주워서 닦고 씻고 해보니 삼국시대 물건임을 알겠구나.
동풍이 주유(周瑜)에게 도움을 주지 않았더라면

교(乔)자매[1]는 동작대(铜雀台)[2] 깊숙이 갇혀 지낼 뻔하였으리.

1) 오나라 교공(乔公)의 두 딸로 둘 다 천하절색으로 유명하였음. 큰딸 대교(大乔)는 오나라의 군주 손책(孙策)에게, 둘째 소교(小乔)는 대도독 주유에게 시집을 감.
2) 조조가 허베이성 린장현(临漳县)에 지었던 누각. 꼭대기에 큰 구리 참새를 만들어 얹고 누각에는 첩들과 가수들을 상주시키면서 만년의 놀이터로 삼았음.

▶ 시인이 적벽(지금의 후베이성 우창현 서남쪽 츠지산赤矶山)을 지나며 208년(한 헌제 건안 13년)에 있었던 적벽대전을 회상하면서 쓴 시.

* * *

泊秦淮

烟笼寒水月笼沙, 夜泊秦淮近酒家。
商女不知亡国恨, 隔江犹唱后庭花。

친화이(秦淮)[1]에 배를 대고

안개는 차가운 물을 덮고 달빛은 모래사장을 덮었네.

한밤중 배를 댄 친화이 가까이엔 술집들이 즐비하네.
노래를 파는 여인은 망국의 한을 알지 못하고
강을 사이에 두고 '후정화(后庭花)'[2]를 소리 높여 부르는구나.

1) 장쑤 쥐룽(句容)의 다마오산(大茅山)과 리수이(溧水) 동쪽의 루산(庐山) 사이에서 발원하여 난징을 거쳐 창강으로 흘러 듬. 진시황이 후이지(会稽)로 남순할 때 운하를 파서 화이수이(淮水)와 통하게 하였다고 해서 친화이(秦淮)라고 함.
2) '옥수후정화(玉树后庭花)'의 약칭. 남조 진(陈) 황제 진숙보(陈叔宝)는 음주 가무에 빠져 이 노래를 짓고 후궁의 궁녀들과 향락만을 추구하다 나라가 멸망함. 당시 수(隋)의 군대가 강 북쪽에 진을 치고 있어 나라의 존망이 조석지간에 있음에도 강 남쪽의 진 후주(陈后主)는 위기를 깨닫지 못하고 노래와 여색만 탐닉하였음을 들어 당나라의 권력층을 신랄하게 비판함.

▶ 두목은 정치에 많은 관심을 갖고 만신창이가 된 조정에 대한 우려를 금치 않음. 통치자의 부패 무능과 번진의 군사력 강화, 계속되는 변방에서의 재난 등 당나라 사회는 심각한 위기 상황이었고 앞날이 암담하였음. 이러한 시대 인식이 그로 하여금 많은 현실 비판적 시를 쓰게 함.

육조의 수도인 진링(金陵)의 친화이허(秦淮河) 양안은 역대로 고관대작들의 유흥 장소로 사치스러운 생활의 대명사가 되었음. 시인은 밤에 배를 대고 눈으로는 번화한 술집 거리를 보고 귀로는 농염한 곡조를 들으며 당나라의 국운이 다해감을 한탄하며 이 시를 씀.

* * *

寄扬州韩绰判官

青山隐隐水迢迢, 秋尽江南草未凋。
二十四桥明月夜, 玉人何处教吹箫。

양저우(扬州)의 한작 판관(韩绰判官)에게 보냄

굽이굽이 청산은 아련하고 천릿길 강물은 아득하구나
가을 끝나가는 강남은 아직 초목이 무성하고
스물네 개 다리 위에 달빛 쏟아지는 고요한 밤
멋쟁이 내 친구는 어디서 미인들에게 피리를 가르치고 있나?

▶ 833년(문종 태화 7년)에서 835년까지 두목은 화이난 절도사 장서기(淮南节度使掌书记)를 지내며 한작과 동료로 지냄. 이 시는 두목이 감찰어사(监察御史)에 임명되어 장안으로 돌아간 후인 835년이나 836년(문종 개성 원년) 가을의 작품으로 추정됨.

당나라 때 양저우는 매우 번화하여 점포가 즐비하고 술집과 춤방이 번성하였음. 성격이 거칠 것 없었던 두목은 한작과 죽이 잘 맞아서 유흥가를 출입하며 많은 스캔들을 만듦. 한작에 대해서는 알려진 것이 없음.

遣怀

落魄江湖载酒行, 楚腰纤细掌中轻。
十年一觉扬州梦, 赢得青楼薄幸名。

회한

실의에 빠져 강호에서 주색만 찾아다녔네
초(楚) 여인의 가는 허리,[1] 손바닥에 얹어도 가뿐하였지.[2]
십 년 지나 깨어보니 양저우는 한바탕 꿈이었으나
유곽에 다니며 얻은 것은 박정하단 명성뿐일세.

1) 초 영왕(楚灵王)은 가느다란 허리를 좋아하여 궁중 여인들이 허리를 묶고 밥을 굶으면서 가는 허리를 추구하다 굶어 죽곤 하였음.
2) 한 성제의 황후 조비연은 몸이 나긋나긋하여 손바닥 위에서 춤을 출 수 있을 정도였다는 고사의 인용.

▶ 이 시는 두목이 황저우 자사(黃州刺史)로 근무할 때 십 년 전 양저우에서의 일을 회상하며 쓴 작품. 삼십 대 초반의 나이에 술집을 출입하며 많은 여자들과 사귀고 되는대로 살다 아무것도 이루지 못했음을 후회함.

***

秋夕

银烛秋光冷画屏, 轻罗小扇扑流萤。
天阶夜色凉如水, 坐看牵牛织女星。

가을 저녁

은촛대 불빛이 그림 병풍을 비추는 저녁
작은 비단부채를 흔들어 반딧불이를 쫓는구나.
한밤중 얼음물같이 차가운 궁전 돌계단에
우두커니 앉아 견우 직녀성을 바라보고 있네.

▶ 외로운 궁녀가 칠월칠석 밤에 은하수 양편의 견우, 직녀성을 바라보고 있는 모습을 그린 시. 사방을 보아도 친척이라고는 없고 궁전에 갇혀 매일 무료하게 보내야 하는 궁녀의 내적 갈등을 잘 묘사하고 있음.

***

赠别 其一

娉娉袅袅十三余, 豆蔻梢头二月初。

春风十里扬州路, 卷上珠帘总不如。

이별 제1수

열세 살 남짓 가냘픈 소녀
이월 초 가지 끝에 맺힌 두구꽃 봉오리[1]로구나.
양저우 십 리 거리[2]에 봄바람이 불어와
모든 미인들 주렴을 걷어 올린들 너에게 비할쏘냐.

1) 본초(本草)에 따르면 두구꽃은 잎 사이에서 피는데, 남쪽 지방 사람들이 아직 개화하지 않은 봉오리를 취하여 함태화(含胎花)라고 부르며 처녀에 비유하였음.
2) 번화한 양저우의 십 리에 걸친 큰길에 수많은 무대와 술집이 밀집해 있었음.

* * *

赠别 其二

多情却似总无情, 唯觉樽前笑不成。
蜡烛有心还惜别, 替人垂泪到天明。

이별 제2수

만감은 교차하나 아무 감정도 없는 척하려 하네
술상을 앞에 두고 웃으려 해도 웃지를 못하는구나.
촛불은 마음이 있어 이별을 아쉬워하는 것일까
사람을 대신하여 날이 새도록 눈물을 흘리고 있네.

▶ 835년 두목이 화이난 절도사 장서기(淮南节度使掌书记)에서 감찰어사(监察御史)로 승진하여 양저우를 떠나 장안으로 갈 때 그동안 사귀던 기생과 헤어지면서 쓴 시.

* * *

金谷园

繁华事散逐香尘, 流水无情草自春。
日暮东风怨啼鸟, 落花犹似坠楼人。

금곡원(金谷园)

화려했던 옛날은 향불의 재와 함께 흩어지고[1]
흐르는 물은 무정한데 풀잎은 봄을 맞아 푸르구나.
황혼 녘 동풍에 원망스러운 새들 울음소리 실려 오면
떨어지는 꽃잎이 누각에서 뛰어내리는 여인[2] 같아라.

1) 석숭(石崇)이 집안의 무희들에게 스텝을 가르치기 위해 상아 침대에 침향목 재를 뿌린 뒤 걷게 하고, 자국이 남지 않은 사람들에게는 진주를 상으로 주었음.
2) 석숭의 애첩 녹주(绿珠)를 가리킴. 사마윤(司马伦)이 가 황후(贾后)를 죽이고 스스로를 상국(相国)이라 칭하며 전횡을 휘두르다 결국 황제의 자리에 오름. 사마윤의 측근 손수(孙秀)가 석숭에게 녹주를 요구하였으나 석숭이 거절함. 이에 사마윤을 사주하여 석숭과 가족 15명을 몰살시킴. 병사들이 석숭을 체포하기 위해 들이닥치자 석숭이 녹주에게 "내가 너로 인하여 죄를 입었구나."라고 탄식하자 녹주는 울면서 "저도 마땅히 따라 죽으렵니다."라고 하며 누각에서 뛰어내려 자살함.

▶ 두목이 황폐해진 금곡원을 지나며 번성했던 옛적을 회상함. 금곡원은 서진(西晋) 때 허난 뤄양의 서북쪽에 석숭이 만든 정원으로 화려하기 이를 데가 없었다고 함.

이상은(李商隐 : 약 813~858年)

夜雨寄北

君问归期未有期, 巴山夜雨涨秋池。
何当共剪西窗烛, 却话巴山夜雨时。

비 오는 밤에 북쪽으로 부치다

당신이 언제 집에 올 거냐고 물어도 기약할 수 없구려
바산(巴山)에는 밤새 가을비가 내려 연못이 넘치려 하오.
언제쯤이면 서쪽 창가에 같이 앉아, 타고 남은 촛불 심지를 자르며
오늘 밤 바산에 내린 비 이야기로 밤을 새울까.

▶ 이상은이 바수(巴蜀, 지금의 쓰촨성)에 머무를 때 부인에게 보낸 시. 장안은 바수의 북쪽에 위치하여 제목에 "북쪽으로 부치다(寄北)"라는 표현이 들어감. 이상은은 851년(선종 대중 5년) 7월 동촨절도사(东川节度使) 유중영(柳仲郢)의 즈저우(梓州) 막부에 부임하였는데 같은 해 늦여름에서 초가을 무렵에 부인 왕안미(王晏媄)가 병사함. 이상은은 몇 달이 지나서 이 소식을 알고 이 시를 씀.

* * *

寄令狐郎中

嵩云秦树久离居, 双鲤迢迢一纸书。
休问梁园旧宾客, 茂陵秋雨病相如。

영호 낭중(令狐郎中)에게

쑹산(嵩山)의 구름과 진(秦) 땅의 나무,¹⁾ 각각 하늘 다른 끝이라
높은 산 먼 길을 건너 소중한 편지 한 통 날아왔구나.
내 처지를 묻지 말게. 양원(梁園)²⁾의 오랜 손님이었으나
가을비 축축한 마오링(茂陵)에서 상여(相如)처럼 병들어 누워 있다네.³⁾

1) 쑹산은 허난성에 있고 진 땅은 산시(陝西) 지역. 시인은 뤄양에 영호도는 장안에 있음을 비유.
2) 한나라의 양효왕(梁孝王) 유무(劉武)의 정원. 사마상여(司馬相如) 등 문사들이 모여 놀곤 했음. 자신이 이전 영호도의 집으로 놀러 가곤 했던 일을 의미.
3) 마오링은 지금의 산시성(陝西省) 싱핑현(興平縣) 동북쪽에 있으며 한 무제의 무덤이 있어 붙은 이름. 사마상여가 병으로 마오링의 집에서 쉬었던 것을 자신이 병으로 뤄양에 누워 있는 것과 비교.

▶ 845년(무종 회창 5년) 가을 이상은이 뤄양에서 머무르며 장안

에 있는 옛 친구 영호도(令狐绹)의 편지에 회답한 시. 영호도는 당시 우사랑중(右司郎中)을 맡고 있어 영호 낭중이라고 부름.

* * *

为有

为有云屏无限娇, 凤城寒尽怕春宵。
无端嫁得金龟婿, 辜负香衾事早朝。

신부

구름 병풍 뒤의 여인, 아름다움을 말로 할 수 없네
서울 거리에 추위가 끝나니 봄날 새벽이 원망스러워.
하필이면 금거북 찬 사람(金龟婿)[1]에게 시집을 왔을까
따스한 명주 이불 걷어버리고 아침 조회를 가야 하다니.

1) 691년(무후 천수 2년) 삼품(三品) 이상의 벼슬아치들에게 금으로 장식한 거북 주머니를 차게 하였음.

▶ 846년(무종 회창 6년)과 851년(선종 대중 5년) 사이 즉 이덕유(李德裕)가 재상에서 파직되고 부인 왕씨가 죽기 이전, 이상은이 한창 곤궁할 때 쓴 시로 추정.

隋宫

乘兴南游不戒严, 九重谁省谏书函。
春风举国裁宫锦, 半作障泥半作帆。

수궁(隋宫)

기분 내키는 대로 남쪽을 유람하며 근신할 줄 모르니
구중궁궐 간서함(谏书函)[1]을 돌아볼 이 누가 있나.
따스한 봄바람 불면 온 나라의 능라 비단을 잘라서
절반은 안장 아래 먼지 가리개로 절반은 배의 돛으로 만들었네.

1) 황제에게 간언하는 글을 담은 함. 수 양제가 순행할 때 간언서를 올린 대신들을 처형하여 이후 아무도 간언하지 못하게 되고 결국 618년에 행궁에서 부하 우문화급(宇文化及)에게 살해됨.

▶ 857년(선종 대중 11년) 이상은이 유중영(柳仲郢)의 추천을 받아 염철추관(盐铁推官)에 임명되어 강동(江东)을 돌아보며 쓴 시. 수 황제의 실정을 들어 현 황제의 우매함을 풍자함. 수 양제는 장두(江都, 지금의 양저우)에 10개의 궁전을 지어 강도궁(江都宫)이라고 부르고 여러 차례 유람을 감.

* * *

瑤池

瑤池阿母綺窗開, 黃竹歌聲動地哀。
八駿日行三萬里, 穆王何事不重來?

야오 연못(瑤池)[1]

야오 연못가 예쁜 창문을 열고 기다리는 서왕모(西王母)
황죽가(黃竹歌)[2] 노랫소리는 가슴만 아프게 하는구나.
여덟 마리 준마(八駿)는 하루에 삼만 리를 달리는데
목왕(穆王)은 무슨 일이 있어 돌아오지 않는가?

1) 고대 신화에서 서왕모가 거주하던 지역.
2) 목천자전(穆天子傳) 제5권에 "병진(丙辰)년에 천자가 황타이(黃台)의 언덕에 행차하여 핑저(苹泽)에서 사냥을 할 때 비가 내려 휴식을 취하였다. 한낮에 북풍한설이 몰아쳐 사람들이 추위에 떨자 천자가 시 삼 장을 써 사람들을 위로하였다."라고 함. 이후 황죽가는 목왕의 죽음을 비유하는 노래가 됨.

▶ 당나라 말기가 되면서 여러 황제들이 미신과 신선 사상에 빠져 단약을 먹고 불로장생을 구하다 약에 중독되어 죽는 경우가 생김. 이 시는 주 목왕(周穆王)이 서쪽 순행을 하다 우연히 서왕모(西王母)를

만났다는 신화를 소재로, 신선의 도를 좇는 허망함을 경계하여 씀. 목왕이 동쪽으로 돌아갈 때 서왕모는 목왕에게 돌아와서 영원히 같이 살 것을 간청하였고 목왕은 약속을 지키지 못하고 죽음. 서왕모는 창문을 열고 내다보며 돌아오지 않는 목왕을 기다림. 서왕모 같은 여신도 목왕을 죽음에서 지키지 못하였음을 들어 불로장생을 찾는 인간의 어리석음을 풍자.

* * *

嫦娥

云母屛风烛影深, 长河渐落晓星沉。
嫦娥应悔偷灵药, 碧海青天夜夜心。

상아(嫦娥)

촛불 그윽한 밤 운모 병풍 앞에 앉아 있으니
은하수는 차츰 사라지고 새벽 별도 희미해지네.
상아도 틀림없이 영약 훔친 것을 후회하리니
푸른 하늘 너른 바다, 밤이면 밤마다 외로움에 울고 있으리.

▶ 당나라 때는 도교가 성행하여 많은 여자들이 도사(사제)가 되었음. 도사가 되면 엄격한 종교적 규율이 일상적인 애정생활을 속박

하면서 심리적 갈등을 겪는 경우가 많았음. 이상은은 여도사를 달나라의 상아에, 신비의 영약을 훔치는 것을 신선이 되는 것에 비유하며 그녀들의 처지와 심정을 묘사함.

    상아는 하(夏)나라 때 동이(东夷) 수령이었던 후예(后羿)의 부인이었으나, 후예가 서왕모에게서 구해온 불사약을 혼자 훔쳐먹고 달에 올라가 여신이 됨.

* * *

贾生

宣室求贤访逐臣, 贾生才调更无伦。
可怜夜半虚前席, 不问苍生问鬼神。

가생(贾生)

선실(宣室)[1]에서 현인을 구해 파직된 신하를 찾았으니
가생의 재능이 뛰어남은 이론의 여지가 없음이라.
가련하구나, 한밤중에 무릎을 맞댐이 허망해짐은
백성의 일은 묻지 않고 귀신의 일만 물어봄이라.[2]

1) 한나라 때 장안성의 미앙궁(未央宫)의 주 집무실.
2) 한 문제(汉文帝)가 가의를 접견하고 귀신의 근본에 대해 물었다는
   고사를 빌어 정사에는 관심이 없고 신선 사상에 빠져 불로장생의

헛된 꿈만 추구하는 당나라 황제를 풍자.

▶ 당나라는 말기가 되면서 국력이 날이 갈수록 쇠약해짐. 이상은은 한나라 문제의 사례를 들어 개명된 것처럼 보이나 실제로는 우매, 무능한 당나라의 황제를 풍자함. 가생(贾生)은 서한(西汉)의 유명한 정치가이자 문학가인 가의(贾谊, BC 200~BC 168)를 가리키며 많은 정치적 의견을 발의하였으나 참소를 당해 평생 뜻을 이루지 못함. 이 시를 쓴 시기는 848년(선종 대중 2년) 정월 또는 3~4월경이라는 설이 있음.

온정균(温庭筠 : 약 801~870年)

瑤瑟怨

冰簟银床梦不成, 碧天如水夜云轻。
雁声远过潇湘去, 十二楼中月自明。

옥 거문고에 담은 마음

서늘한 대자리와 은색 침상(银床)¹⁾, 꿈조차 꾸지 못하는데
달빛이 물결 같은 남색 하늘엔 가벼운 구름 조각 떠 있네.
기러기 우는 소리는 샤오샹(潇湘)²⁾으로 멀어져 가고
십이루(十二楼)³⁾ 위에는 달이 저 혼자서 밝구나.

1) 달빛이 환하게 반사되는 침상의 표현.
2) 샤오수이(潇湘)와 샹수이(湘水), 후난(湖南) 지역에 있으며 남편이 가 있는 지역을 상징.
3) 원래 신선의 거하는 곳이나 여기서는 여인의 거처를 의미. 여인의 신분이 여도사 또는 귀부인임을 암시.

▶ 이 시는 외로움에 잠 못 이루고 비파 연주를 듣는 여주인공의 심리적 상태를 표현. 제목의 요슬(瑤瑟)은 옥으로 장식한 화려한 거문고인데 전설에 따르면 태호복희씨(太昊伏羲氏)가 소녀(素女)에게

50현 거문고를 타게 하였더니 그 음색이 너무 구슬퍼 연주를 금지하고 둘로 쪼개어 25현으로 만듦. 고대 시가에서 요슬은 이별한 여인의 슬픈 마음을 상징함.

정전(郑畋 : 825~887年)

자는 대문(台文)이며 싱양(滎阳) 출신으로 842년(무종 회창 2년)에 진사 급제하고 번진의 막료로 지내다가 864년(의종 함통 5년) 입조하여 호부시랑(户部侍郎) 등을 지냈으나 이후 우저우 자사(梧州刺史)로 좌천됨. 희종(僖宗)이 즉위하자 다시 부름을 받고 병부시랑(兵部侍郎)을 비롯하여 재상까지 오름. 880년(희종 광명 원년) 펑샹 룽유 절도사로 부임함. 황소의 난 때 장안이 함락되자 사방으로 격문을 보내 번진들을 불러 모아 황소(黄巢)를 토벌. 이후 관직상의 부침을 거듭하다 887년(희종 광계 3년) 룽저우(陇州)에서 병사.

马嵬坡

玄宗回马杨妃死, 云雨难忘日月新。
终是圣明天子事, 景阳宫井又何人。

마웨이포(马嵬坡)

현종이 장안으로 말을 돌렸을 땐 양귀비는 저세상 사람
천지가 새롭게 되었건만 운우(云雨)의 정은 잊을 수 없네.
모든 것이 황제의 영명하신 결단에 의한 것이었으니

그렇지 않았으면 경양궁 우물(景阳宫井)[1]에는 누가 숨었
으랴

1) 장쑤성 난징시 쉬안우(玄武) 호숫가에 있던 궁전. 남조(南朝)의 진
   후주(陈后主)는 수나라 병사들이 성으로 진입하였다는 소식을 듣
   자 총애하던 비빈 장려화(张丽华), 손귀빈(孙贵嫔)과 함께 우물 안
   으로 숨었으나 발각되어 포로가 됨.

▶ 755년(천보 14년) 11월 안녹산이 반란을 일으켜 다음 해 6월 통관(潼关)을 점령하고 장안이 위기에 빠지자 현종은 양옥환을 데리고 황망히 촉(蜀)으로 피신. 도중에 마웨이포에 이르자 금군(禁军) 장수 진현례(陈玄礼) 등이 양국충을 죽인 후 양귀비도 없애 후환을 제거하고자 함. 현종은 어쩔 수 없이 이를 허락하고 양귀비는 허리띠로 목이 졸려 죽게 되는데 이를 마웨이의 변(马嵬之变)이라 함. 880년(희종 광명 원년) 정전(郑畋)이 펑샹 룽유 절도사(凤翔陇右节度使)를 맡았을 때 감회에 젖어 이 시를 씀.

한악(韩偓 : 844~923年)

자는 지광(致光)이며 징자오 완녠(京兆万年, 지금의 산시 시안陕西西安) 출신. 10세에 이미 시에 능통하여 이모부인 이상은의 찬사를 받음. 889년(소종 용기 원년)에 진사 급제하여 허중 절도사(河中节度使)의 막부에서 근무. 900년(광화 3년)에 유계술(刘季述)의 정변에 참여하여 소종 복위를 도운 공으로 중서사인(中书舍人)에 임명되어 중용됨. 황소(黃巢)가 장안으로 진입하자 어가를 모시고 펑샹(凤翔)으로 피신하여 병부시랑(兵部侍郎), 한림승지(翰林承旨)에 임명되었으나 전임 재상 위이범(韦贻范)의 복귀 조서 쓰는 것과 양왕(梁王) 주전충(朱全忠)에 의뢰하는 것을 거부하여 등저우 사마(邓州司马)로 유배됨. 소종이 시해된 이후에는 웨이우쥔 절도사(威武军节度使) 왕심지(王审知)에게 의탁하여 주러산(九日山)의 연복사(延福寺)에 우거함. 도교에 심취하였고 궁사(宫词)에 능하였으며 문체가 화려하여 그의 시를 향렴체(香奁体)라고 불렀음. 923년(후양 용덕 3년) 병사하였고 저서로는 옥산초인집(玉山樵人集)이 있음.

已凉

碧阑干外绣帘垂, 猩血屏风画折枝。
八尺龙须方锦褥, 已凉天气未寒时。

서늘한 날씨

청록색 난간 바깥으로 자수 휘장 드리우고
암적색 병풍에는 꺾어진 나뭇가지 그려져 있네.
여덟 척 침상의 비단 요 위에 골풀자리를 깔았으니
날씨가 이미 서늘한데 아직 차지는 않음이라.

▶ 한악의 향렴집(香奩集)에는 남녀 간의 애정을 노래한 시가 많은데 그중 이 시가 가장 많이 회자됨.

위장(韦庄 : 836~910年)

台城

江雨霏霏江草齐, 六朝如梦鸟空啼。
无情最是台城柳, 依旧烟笼十里堤。

대성(台城)

강 위엔 흩날리는 봄비, 강변엔 무성한 풀숲
육조(六朝)[1]의 영광은 꿈만 같고 새들만 남아 울어예네.
가장 무정한 놈들은 대성의 버드나무들이라
여전히 녹색 안개로 십 리 제방을 뒤덮고 있구나.

1) 젠캉(建康, 난징)을 수도로 삼았던 삼국시대 오, 동진(东晋), 남조(南朝)의 송(宋), 제(齐), 양(梁), 진(陈).

▶ 위장이 살던 시기, 당나라는 쇠락의 길로 치달아 과거의 번영은 찾을 길 없고 내란과 민중의 고통이 가중됨. 883년(희종 중화 3년) 위장은 강남을 여행하며 육조의 고도 진링(金陵)이 황폐해진 모습을 보면서 세상사의 무상함에 젖어 이 시를 씀. 대성은 건강궁(建康宫)의 다른 이름으로 난징 지밍산(鸡鸣山) 남쪽에 있었음. 삼국시대 오나라가 후원성(后苑城)을 지었고 동진(东晋)의 성제(成帝)가 개축한

이래 남조(南朝)가 끝날 때까지 조정의 중심 및 황궁으로 사용되었으나 당나라 중기 이후 쇠락하여져서 말기에는 황폐해짐.

진도(陈陶 : 812?~888年)

자는 숭백(嵩伯), 링난(岭南, 지금의 광둥과 광시 일대) 출신. 어릴 때 장안에 유학하여 천문학을 공부하였으며 시에 조예가 깊었음. 진사 시험에서 낙방하자 중국 곳곳을 유람하며 지내다 훙저우(洪州, 지금의 장시 신젠현江西新建县 서쪽)에서 신선의 도를 추구함. 그의 시는 대부분 소실되고 전당시에 두 권이 수록됨.

陇西行

誓扫匈奴不顾身, 五千貂锦丧胡尘。
可怜无定河边骨, 犹是春闺梦里人。

룽시행(陇西行)

흉노를 소탕하리라 맹세하고 목숨을 돌아보지 않았네
오천의 정예병들이 오랑캐 땅의 흙 속으로 사라졌으니.
가련하구나, 우딩허(无定河)[1] 강변에 나뒹구는 백골들이여
고향 집 처자는 아직도 꿈속에서 그대들을 만나고 있으리니.

1) 산시(陝西) 북쪽에 있는 황하 중부의 지류.

▶ 룽시는 지금의 간쑤 닝샤 룽산(甘肅宁夏陇山) 서쪽 지방. 이 시는 당나라 때 장기간에 걸친 국경에서의 분쟁이 백성들에게 가져온 고통을 실감 나게 그리고 있음.

장필(張泌 : 생몰연대 미상)

 자는 자징(子澄), 화이난(淮南, 지금의 장쑤 양저우 소재) 출신. 남당(南唐)에서 쥐룽현위(句容县尉)로 시작하여 감찰어사(监察御史), 중서사인(中书舍人)을 지냄. 후주(后主)를 따라 송(宋)나라에 귀의한 뒤에 사관(史馆)에서 일하다 우부랑중(虞部郎中)이 됨. 사(词) 27수가 전하고 전당시(全唐诗)에 시 한 권이 남아 있음.

寄人

别梦依依到谢家, 小廊回合曲阑斜。
多情只有春庭月, 犹为离人照落花。

고백

헤어진 후에도 꿈에서 늘 그대 집에 가는구려
작은 회랑은 굽이진 난간을 비스듬히 감싸고
봄이 온 정원에 달빛만은 여전히 다정하여
떠날 사람을 위해 떨어지는 꽃잎을 비추고 있군요.

▶ 장필이 한때 사랑하다 헤어진 여인을 여전히 못 잊어하고 있음

을 봉건사회의 통념상 드러내놓고 표현하지는 못하고 시의 형태를 빌어 완곡히 고백함.

무명씨(无名氏)

杂诗

近寒食雨草萋萋, 著麦苗风柳映堤。
等是有家归未得, 杜鹃休向耳边啼。

잡시

한식날이 다가오니 비가 내려 풀은 무성해지고
보리밭에 부는 봄바람, 둑에는 버들 색이 완연해지네.
집이 있음에도 돌아가지 못함은 무슨 일인가
두견새(杜鹃)[1]야, 내 귓가에 슬픈 노래 그만 좀 불러라.

1) 중국 사람들은 두견새 우는소리가 "뿌루꾸이취(不如归去, 집에 가는 게 낫다)"로 들린다고 함. 따라서 나그네의 향수를 불러일으키는 새가 됨.

칠절악부(七绝乐府)

왕유(王维 : 701~761年)

送元二使安西

渭城朝雨浥轻尘，客舍青青柳色新。
劝君更尽一杯酒，西出阳关无故人。

원이(元二)가 안시(安西)가는 것을 전송하다

위성(渭城)에 아침 일찍 비가 그쳐 먼지 한 점 없고
객사 주변 버드나무는 푸르름이 더욱 새롭다.
자네, 한 잔 더 비우도록 하게
양관(阳关)을 나가 서쪽으로 가면 친구라곤 없을 테니.

▶ '양관삼첩(阳关三叠)' 또는 '위성곡(渭城曲)'이라고도 함. 안사의 난 전에 쓴 것으로 친구 원이가 안시 도호부에 부임할 때 장안에서 위성까지 따라가 송별하며 쓴 시. 이 시는 당나라 때 광범위하게 애창되어 이별 석상에서의 환송가가 되었음. 위성은 진(秦)나라 때의 함양성(咸阳城)을 한나라 때 개명한 것이며 양관은 지금의 간쑤성 둔황 서남쪽에 있던 고대 서역과의 주요 교통로였음.

* * *

秋夜曲

桂魄初生秋露微, 轻罗已薄未更衣。
银筝夜久殷勤弄, 心怯空房不忍归。

가을밤

달이 계수나무를 품고 떠오른 밤, 가을 이슬 서늘하여
몸에 걸친 옷이 가벼워도 갈아입기는 애매하여라.
밤은 이미 깊었건만 달빛 아래 쟁 타는 것에 빠져드니
독수공방 들어가는 것이 두렵기만 하구나.

▶ 원정 간 남편이 그리워 잠 못 이루는 밤, 쟁 연주에 몰입하여 외로움을 잊어버리고 싶어 하는 여주인공의 심리 상태를 묘사.

왕창령(王昌齡 : 698~757年)

长信秋词 其一

金井梧桐秋叶黄, 珠帘不卷夜来霜。
熏笼玉枕无颜色, 卧听南宫清漏长。

장신궁(长信宮)의 가을 제1수

궁전 우물가 오동잎이 가을을 맞아 누렇게 변하면
주렴을 걷지 않아도 밤중 서리 내린 것 느낄 수 있네.
훈롱(熏笼)[1]과 옥 베개, 갈수록 초췌해지는 얼굴색
조용히 누워 밤새 남궁(南宮)[2]의 물시계 소리 듣는구나.

1) 향로에 씌우는 바구니 모양의 덮게. 난방용으로 사용.
2) 황제의 침궁.

* * *

长信秋词 其二

高殿秋砧响夜阑, 霜深犹忆御衣寒。
银灯青琐裁缝歇, 还向金城明主看。

장신궁(长信宫)의 가을 제2수

가을을 맞은 높은 궁궐, 밤새 들려오는 다듬이 소리
하얗게 내린 서리에 차가운 어의(御衣)가 떠오르네.
청쇄(青琐)[1] 안 은등 아래, 바느질하던 것을 멈추고
눈길을 돌려 영명하신 황제 계신 궁전을 바라보네.

1) 황궁 창틀의 청색 꽃무늬 장식.

* * *

长信秋词 其三

奉帚平明金殿开, 暂将团扇共徘徊。
玉颜不及寒鸦色, 犹带昭阳日影来。

장신궁(长信宫)의 가을 제3수

날이 새면 비를 들고 궁전을 쓸고
심심하면 둥근 부채를 들고 이리저리 거닐었네.
옥 같은 얼굴이 겨울 까마귀[1]의 자태를 이기지 못하니
소양전(昭阳殿)[2]에 해그림자를 안고 날아듦이라.

1) 반첩여(班婕妤)와 조비연(赵飞燕) 자매의 비유. 겨울 까마귀는 교

활하고 악랄함의 상징.
2) 조비연 자매와 한 성제(汉成帝)가 같이 거주하던 침궁.

*　*　*

长信秋词 其四

真成薄命久寻思，梦见君王觉后疑。
火照西宫知夜饮，分明复道奉恩时。

장신궁(长信宫)의 가을 제4수

기구한 운명을 당하여 노심초사를 거듭하다
꿈에서 황제를 만나 정신이 든 뒤 혹시나 하여
등불 비치는 서궁(西宫)[1]을 보니 밤늦도록 잔치일세.
은총을 받들었던 누각 사잇길, 눈에 선하구나.

1) 황제가 주연상을 열던 장소.

*　*　*

长信秋词 其五

长信宫中秋月明，昭阳殿下捣衣声。

白露堂中细草迹，红罗帐里不胜情。

장신궁(长信宫)의 가을 제5수

가을 달이 장신궁을 밝게 비출 때
소양전에서는 다듬이 소리 울려 퍼지네.
백로당(白露堂)[1] 안에는 잡초만 무성한데
붉은 비단 휘장 안에선 참을 수 없는 연정일세.

1) 은총을 잃은 비빈이나 궁녀들이 거주하던 장소.

▶ 왕창령은 두 차례의 좌천을 겪었는데 이 시는 현종 천보 연간(742~756년) 두 번째 좌천 직전에 쓴 것으로 추정. 장신궁은 한나라 때의 궁전, 반첩여(班婕妤)는 뛰어난 재능에도 불구하고 조비연(赵飞燕)의 질투와 모함에 밀려 스스로 장신궁으로 물러나 태후 섬기기를 구하였음.

* * *

出塞 其一

秦时明月汉时关，万里长征人未还。
但使龙城飞将在，不教胡马度阴山。

출정 제1수

진, 한(秦汉) 때의 밝은 달과 요새 변함이 없건만
만 리 길 원정 떠난 병사들 돌아온 이가 없네.
용성(龙城)¹⁾의 명장 이광(李广)이 살아 있다면
어찌 오랑캐 기병들이 인산(阴山)²⁾을 건널 수 있으랴.

1) 노용성(卢龙城)을 말함. 허베이성 시펑 커우창청(喜峰口长城) 부근으로 한나라 때 우베이핑군(右北平郡)의 소재지. 한나라 때의 명장인 우베이핑 태수 이광이 이 성을 지켰음.
2) 쿤룬산(昆仑山)의 북쪽 자락. 내몽골 자치구 중부지역에 있음.

* * *

出塞 其二

骝马新跨白玉鞍, 战罢沙场月色寒。
城头铁鼓声犹震, 匣里金刀血未干。

출정 제2수

준마에 백옥색 안장을 새로 얹고 전장을 달리니
싸움이 끝난 사막에는 처량한 달빛만 남았구나.
성 위의 북소리는 여전히 광야에서 울려 퍼지고

장군의 보검 위 핏자국은 아직 마르지도 않았다네.

▶진, 한(秦汉) 이래 변방에는 싸움이 그치지 않았고 많은 장정들이 전사하였음. 왕창령이 서역으로 부임하여 끊임없이 침략해 오는 적군들과 장기간 원정에 지친 병사들의 상황을 실감하며 이 시를 씀.

이백(李白 : 701~762年)

清平调 其一

云想衣裳花想容, 春风拂槛露华浓。
若非群玉山头见, 会向瑶台月下逢。

청평조(清平调) 제1수

구름은 옷이 되고 꽃은 얼굴이 되었는가
난간을 스치는 봄바람, 이슬 맺힌 모란 아름다움이 더하네.
군옥산(群玉山)[1] 위의 선녀를 본 것이 아니면
요대(瑶台)[2] 달빛 아래 여신이 내려왔음이 분명하도다.

1) 서왕모(西王母)가 살던 전설상의 산. 옥이 많다고 하여 붙은 이름.
2) 서왕모가 거처하던 궁전.

* * *

清平调 其二

一枝秾艳露凝香, 云雨巫山枉断肠。
借问汉宫谁得似, 可怜飞燕倚新妆。

청평조(清平调) 제2수

그 아름다움은 이슬 머금은 향기로운 모란 한 송이
우산의 구름과 비(云雨巫山)[1]가 쓸데없이 애간장을 끊는구나.
한나라 궁전에서 누가 감히 비교가 될까
어여쁜 조비연(赵飞燕)도 애써 단장을 해야 하리라.

1) 사랑하는 초왕(楚王)을 위해 아침에는 구름으로 저녁에는 비로 변한 삼사(三峡) 우산의 여신.

* * *

清平调 其三

名花倾国两相欢, 长得君王带笑看。
解释春风无限恨, 沉香亭北倚阑干。

청평조(清平调) 제3수

고운 꽃과 경국지색이 함께 어우러지니
황제께서 웃음을 머금은 채 넋을 잃고 바라보네.
침향정(沉香亭) 북쪽 난간에 기대어 서서
쌓인 시름을 봄바람에 모두 날려 보내고 있네.

▶ 743년 혹은 744년 봄, 현종은 양귀비와 침향정(沉香亭)에서 모란을 감상하다 시를 지어 흥을 돋울 것을 명함. 이백이 급히 부름을 받고 와서 모란과 양귀비를 교대로 노래하는 청평조 3수를 씀. 제1수에서는 공간적으로 떨어진 달나라와 선경을 소재로, 제2수에서는 시간적으로 떨어진 초왕과 한 성제 때의 고사를 소재로 양귀비의 아름다움을 부각. 제3수에서는 침향정에서 일어나는 현재의 사건으로 돌아옴.

왕지환(王之渙 : 688~742年)

凉州词 其一

黄河远上白云间, 一片孤城万仞山。
羌笛何须怨杨柳, 春风不度玉门关。

량저우(凉州) 제1수

저 멀리 황하는 흰 구름 사이에서 흘러나오고
외로운 성 하나 만길 높이 산 위에 솟아 있네.
구태여 강족 피리(羌笛)로 구슬픈 양류(杨柳)[1] 불지 않아도 되리니
봄바람이 옥문관(玉门关)[2]까지 불어올 일 없음이라.

1) 절양류(折杨柳)를 말하며 고대 시문에서는 버드나무가 이별을 상징하였음.
2) 한 무제가 설치한 관문. 서역에서 수입하는 옥이 이 문을 통과한다고 해서 붙은 이름. 간쑤성 둔황 서북쪽의 소방반성(小方盘城)에 있었으나, 육조(六朝) 시대에 안시 솽타바오(安西双塔堡) 부근으로 이전하였음.

* * *

凉州词 其二

单于北望拂云堆, 杀马登坛祭几回。
汉家天子今神武, 不肯和亲归去来。

량저우(凉州) 제2수

선우(单于)가 북쪽을 바라보니 불운퇴(拂云堆)¹⁾로구나
거기서 말을 잡아 제를 올리고 당과 싸운 것이 몇 번이었던가.
이제는 영명하고 위풍당당한 황제가 천하를 다스리니
화친(和亲)을 구하여도 얻지 못하고 돌아가야 하는구나.²⁾

1) 내몽골 자치구 서부의 우위안(五原)에 있던 사당.
2) 현종 개원 연간(713~741년)에 돌궐의 선우 소살증(小杀曾)이 현종의 아들 됨을 청하고 공주와 결혼하기를 희망하자 현종은 그를 아들로 삼는 것을 허락하면서도 공주를 주는 것은 거절함.

▶ 726년 왕지환이 벼슬을 그만두고 15년간 자유인으로 살 때 쓴 시. 설용약(薛用弱)은 집이기(集异记)에 다음과 같은 기록을 남김. "왕지환은 고적(高适), 왕창렬과 요정에서 술을 마시다 이원(梨园) 가수들의 연회 자리에 참석하게 되어 누구 시가 가장 인기가 있나 시험해 보기로 하였다. 가수들이 왕창령의 시는 두 수, 고적의 시는 한

수를 불렀으나 왕지환의 시는 아무도 부르지 않다가 그중 가장 예쁜 가수가 위 시중 첫 번째 수를 부르자 왕지환이 아주 득의양양하였다."

두추랑(杜秋娘 : 791?~?年)

진링(金陵) 출신이며 15세에 이기(李锜)의 첩이 됨. 807년(헌종 원화 2년) 이기는 군사를 일으켜 반란을 일으켰다 실패하고 두추랑은 궁궐에 바쳐지게 됨. 이후 헌종의 총애를 받아 820년 목종(穆宗)이 즉위하자 그녀의 아들 이주(李凑)를 가르치는 유모로 임명됨. 이주가 장왕(漳王)으로 쫓겨나자 두추랑은 고향으로 돌아감.

金缕衣

劝君莫惜金缕衣, 劝君惜取少年时。
花开堪折直须折, 莫待无花空折枝。

금실 옷

화려한 금실 옷에 연연하지 말고
청춘의 때를 아껴야 할지니라.
꽃이 피어 꺾을만하면 바로 꺾어서
꽃 시들고 빈 가지 되기까지 기다리지 말지니라.

▶ 당나라 중기에 유행했던 노래. 전하이 절도사(镇海节度使)

이기가 이 시를 매우 좋아하여 술을 마실 때마다 두추랑에게 부르게 함.

唐诗 300首 (下)

초판 1쇄 발행 | 2021년 10월 1일

옮긴이 | 류 인
엮은이 | 이용헌
펴낸이 | 윤용철
펴낸곳 | 소울앤북
주 소 | 경기도 파주시 회동길 325-22, 3층
편집실 | 서울특별시 중구 삼일대로 6길 15, 3층
전 화 | 02-2265-2950
이메일 | poemnpoem@gmail.com
등 록 | 2014년 3월 7일 제4006-2014-000088

ⓒ 류인, 2021

ISBN 979-11-91697-03-2   03820

*이 책의 판권은 옮긴이와 소울앤북에 있으며 무단 전재를 금합니다.
*잘못된 책은 교환해드립니다.